新潮文庫

いま生きる「資本論」

佐藤　優著

新潮社版

10672

目次

写真／新潮社写真部　菅野健児・佐藤慎吾

いま生きる「資本論」

まえがき

日本社会は閉塞感《へいそくかん》を強めている。新聞を見るとアベノミクスのおかげで、景気は良くなっているようだ。しかし、それが読者の賃金（給与）にどの程度反映しているであろうか？

世界を見渡しても、先進国で経済の調子がよい国はどうもないようだ。特に心配なのがヨーロッパだ。ここ一年半以上、一ユーロは一四〇円前後で推移している。これに対して、一米ドルは一〇〇円を少し上回るくらいだ。ドイツを除いて、ユーロに参加しているヨーロッパ諸国の経済的基礎体力はそれほど強くない。ギリシャ、ポルトガル、アイルランド、スペインの経済構造も危機的状態にある。それにもかかわらず、ユーロがドルよりも四割も高い状態が一年半以上も続いているのは不思議かつ不自然だ。再びユーロ危機が起きれば、ユーロからマネーが円とドルに流れる。そのときは円高になり、日本の株価が下がる。安倍政権は、究極のポピュリスト政権で、世論調査の数値が政権の安定度に直結する。そして、世論調査の支持率は、株価と連動している。そうなると、政治について知るためにも、経済の知識が不可欠になる。

本書で、私が試みたのは、マネー（貨幣）、株価、賃金などについて、存在論（現象面にとらわれず根源的に考えること）の次元から、読者ひとりひとりの役に立つ生きた知識を提供することだ。それだから『いま生きる「資本論」』というタイトルをつけた。

読者から、「ちょっと待ってくれ、『資本論　第一巻』が刊行されたのは一八六七年じゃないか。明治維新の一年前で、侍が丁髷《ちょんまげ》を結って、刀を差していた時代だ。そんな古い時代の本が二一世紀の現在において何の役に立つのだろうか」「一九九一年一二月にソ連は崩壊した。共産主義が失敗したことは、歴史的に明白だ。それなのにマルクス主義の聖典である『資本論』を読むことに現実的な意味があるのだろうか」という質問が寄せられることが目に浮かぶ。

結論を先に言うと、『論語』（孔子）、『孫子』、『維摩経《ゆいまきょう》』、『法華経《ほけきょう》』、『旧約聖書』、『新約聖書』、『古事記』、『太平記』、『国家』（プラトン）、『形而上学《けいじじょうがく》』（アリストテレス）、『歴史序説』（イブン・ハルドゥーン）、『方法序説』（デカルト）、『モナドロジー（単子論）』（ライプニッツ）、『純粋理性批判』（カント）、『精神現象学』（ヘーゲル）、『論理学研究』（フッサール）、『論理哲学論考』（ヴィトゲンシュタイン）、『存在と時間』（ハイデガー）、『善の研究』（西田幾多郎）などの古典（クラシックス）と認知されているテキストは、危機の時代を読み解き、その解決策を見出《みいだ》すために、とても役に立つ。それだから、これらの作品は、長い時間を経ても生き残っているのだ。

『資本論』もそのような古典の一冊である。ここで重要なのは、『資本論』をソ連や東ドイツなどの歴史的に存在した社会主義国、現実に存在する中国、北朝鮮、キューバ、ベトナムといった社会主義国の現実と完全に切り離して、「論理の書」として読むことだ。革命が好きな共産党、新左翼、旧社会党左派の人々のイデオロギー的な『資本論』の読み解きとも一線を画す。この本で、私は『資本論』を資本主義社会の内在的論理を解明した書として読むことにした。

それだから、過去に大学のマルクス主義経済学の授業で『資本論』を読んだことがある人は「こんなおかしな読み方があるものか！」と怒って、この本を机に叩《たた》きつけるかもしれない。それでも構わない。私たちにとって重要なのは、なぜ日本の社会で私たちが生きにくくなっているのか、それは読者の努力が足りないからではなく、資本主義というシステムに根源的問題があるという現実を総合知（科学）を駆使した理論によって理解してもらうことだ。

この本を読むと、あなたの人生がどうして苦しいのかについて、その原因の六割が解明されると思う。原因がわかれば、解決に向けた現実的戦略を構築することができる。

二〇一四年七月三日、曙橋《あけぼのばし》の自宅にて

佐藤優

1　恋とフェチシズム

いま、『資本論』を読むということ

これからしばらくの間、みなさんとカール・マルクスの『資本論』を読んでいきたいと思います。

毎回、受講生のみなさんには課題も出します。提出は義務ではありませんが、課題に答えていただいた方には必ず添削をして戻します。できるだけ双方向性を担保して、この有名だけれどもほとんど読みおおせた人のいない『資本論』という本とどう付き合うのか、そんな問題を一緒に考えていきたいのです。

ここにあるのは岩波文庫版、向坂逸郎《さきさかいつろう》訳の『資本論』です。全部で九分冊になっています。これ、なぜ読み通せずに挫折《ざせつ》するかといったら、長いから道半ばで挫折するのではありません。いきなり最初から躓《つまず》いてしまう。序文に問題があると思うんですね。岩波文庫版の『資本論』には序文が六つあり、「第一版の序文」とか「フランス語版にたいする序文と後書」とか延々と続いていく。字数で勘定すると、だいたい新書一冊の四分の一ぐらいもある。で、飽き飽きしてしまって、序文を読み終わる前に扉を閉ざす、というのが通常のパターンです。

でも、我慢強く序文を読み終わった人がいたとして、その次のページを見ると、「第一篇　商品と貨幣」、「第一章　商品」、「第一節　商品の二要素　使用価値と価値（価値実体、価値の大いさ）」とある。そして、冒頭の文章はこうです。

「資本主義的生産様式の支配的である社会の富は、『巨大なる商品集積』として現われ、個々の商品はこの富の成素形態として現われる。したがって、われわれの研究は商品の分析をもって始まる」

何を言っているのかすぐ呑《の》みこめる人は、まずいないと思います。しかも、ここで言っている「商品」とは、資本主義社会の商品なのか、古代からある商品をも含んでいるのか。商品という単語をどちらで解釈するかで、『資本論』は全く別の顔を見せることにもなります。

ですから、読み方もすごく難しいし、言っていることもよくわからない。それでも頑張って岩波文庫を九冊読みきったとしても、残念でした、完結していないのです。『資本論』は未完の書なのです。しかも、今の編纂《へんさん》が正しいかどうかも、よくわからない。もしかしたら、マルクスの意図とは違ったものをわれわれは読んでいるのかもしれない。そんないろんな問題があるテキストと、なぜわれわれは限られた人生を使ってまで取り組まないといけないのか？

この講座、全六回あるわけですが、いくらで参加できるのですか？

（受講生Ａ　一万九〇〇〇円くらいです。税込で（会場笑）。）

これはたいへんな金額ですが、しかし、決して損したと思われない講義をやることに努めますからね。

二万円近く払っているのに、「なんでコノヤローはパワーポイントも使わないんだ」、あるいは「詳しいレジュメを作れよ。手を抜きやがって」と思われるかもしれない。実はパワーポイントなんていうのは、いくらでも使い回しができます。あれでパーッと見て、「お、わかった」と思って、帰りがけにビール一杯呑《の》んで、明日になったらほとんど覚えていない。そんなものです。レジュメも簡単な目次立てみたいなものは毎回配りますが、詳しいものを作ると、みなさんがノートを取る手間を省くことになる。すると、〈手で覚える〉という要素が消えてしまいます。だから、この講義ではパワーポイントも詳しいレジュメもなしでいきます。その代わり、録音をしてもらうのはまったく構いません。しかしこれも、一般論として言うと、音を録《と》った方が習得は遅れます。この場一回限りだと思っていたほうが記憶に定着します。「佐藤のヤローとの付合いは、この一時間半だけだ」と腹を括《くく》った方が、頭の中に残るんですね。そのへんのことはよく考えて、受講して下さい。

ポストモダンとは無縁だった

ではまず、私自身の『資本論』の読み方の特徴を述べましょう。

私は一九六〇年生まれです。だいたいこのあたりに生まれた人たちは、もう完全な死語になりましたけれども、〈新人類〉と呼ばれた世代になります。この死語を聞くと自動的に思い出す人がいるかもしれませんが、新人類世代の旗手は現代思想の世界だと浅田彰《あさだあきら》さんです。彼の『構造と力』が出たのは一九八三年、私は大学院の一回生でした。『構造と力』を読み、続く『逃走論』も読みました。しかしその後、雑誌「批評空間」などを舞台に、浅田さんや柄谷行人《からたにこうじん》さんがポストモダンの看板を引っ提げて大活躍している頃には、私はモスクワにいて、リアルタイムでは彼らの論考を読んでいません。一九八七年八月から九五年三月までの七年八ヶ月、モスクワの日本大使館に勤務していました。

ですから、私は二つのことを知らないのです。一つはポストモダン思想、もう一つはバブル経済です。バブルとポストモダンを知らないという意味において、私は同世代の中できわめて少数派なのです。

柄谷行人さんは、私が現役の思想家として尊敬している一人です。柄谷さんは、私が岩波書店から出した『獄中記』について、こういう趣旨のコメントをした。「恐ろしく古い知識だけをもとに物事を考えている人だ。完全にポストモダンというものをスルーしている」。これ、正解なんですね。

私は、自分がポストモダンとバブルを知らずに済んだのはよかった、と思っています。もっとも、バブルはいいところも残しましたよ。バブルがなければ、イタリアンの〔サイゼリア〕みたいに、千円札一枚だけ持っていけばけっこう旨《うま》いものが食える店とか、四〇〇円で買えるような旨いワインとかは、絶対に日本に現れなかったと思います。明らかにバブルを経てわれわれの舌は肥えたんですね。この点、バブルはよかった。しかしポストモダンの方は、その後ペンペン草も生えないような、とんでもない思想状況を拵《こしら》えてしまった。

古典を読む意味

『資本論』を今ここで読んでいく意味とは、われわれが生きている社会、生きにくいと感じている社会の、その内側にある論理をどうやって読み解いていくか、ということです。人生を楽にし、人生で得をするために『資本論』を読む、と言ってもいい。古典が重要なのは、具体的に役に立つものだからなのです。では、古典とは何か。専門家が、一〇〇〇人もいなくていい、三〇〇人でもいるようなテーマならば、その周辺には三万人ぐらいの理解者がいます。そういう本は古典たりえます。

ところが今や、そんな状況に専門家があぐらをかいてしまっている。大学の紀要《きよう》論文ってありますよね？　私が大学生の頃など、紀要論文なんてほとんど誰も書いていませんでした。筒井康隆さんに『文学部唯野《ただの》教授』（一九九〇年）というベストセラー小説がありますが、あの中に紀要の話が出てきます。紀要論文の集まりが悪いので四〇〇字一枚につき三〇〇〇円の原稿料を出している、しかしそれでも集まらない、というおそらくは取材に裏打ちされたエピソードが書かれている。

ところが今、大学の紀要論文って、ものすごい数が集まるんです。どうしてか？これは新自由主義と関係してきます。例えば論文だと二点、研究ノートだと一点という具合に点数を付けていく。助教に採用になる時、准《じゅん》教授になる時、教授に昇格になる時、何点以上の点数を取っていると昇格できる。こういう仕組みになっているからです。

ただ、彼らも気をつけなければいけない点がある。「四八歳で、すでに論文を三〇通公刊しました。点数としては六〇点持っています」と胸を張る人がいたとすると、首を傾《かし》げられるのですね。普通は紀要論文三点発表して、六点持っていれば大学の採用になりますから、こんな人物がどう思われるかというと、「そんなにたくさん論文を出して、業績があるのに、どこにも就職できていないのは、きっと人物に問題があるんだな」。業績が過多だと、過ぎたるは及ばざるがごとしで就職できなくなっちゃう。

さて、そんな風潮の結果、どういう研究が出てくるか。私の専門であるキリスト教神学について言えば、最近の論文はほとんどがもうウンコみたいな論文ばかりです。

余談ですが、イエス・キリストって、「イエス」が名前で「キリスト」が姓ではないですからね。キリストは〈油を注がれた者〉、転じて〈救済主〉という意味です。昔は王様の頭に油を注ぐ儀式がありました。つまり、王様は王であると同時に救済主だったわけです。イエスというのは、太郎だとか一郎だとか、そこらへんによくいる当時のパレスチナのユダヤ人男子の名前です。だからイエス・キリストというのは、そんなありふれた名前の一青年が神から派遣された救い主であると信じる、という信仰告白なのです。

このあたりについては、一九世紀に〈史的イエスの研究〉というのが行われました。イエスはいつ生まれて、どういう人で、どういう行動をとったか、詳細に分析していく研究です。どうやら酒呑みだったらしいとか、女性にモテたようだが彼女たちと寝たかどうかはわからないとか。そして、どういう結論が出たかと言うと、「一世紀にイエスという男がいたことは証明できない」。これが最終的な結論なのです。同時に、一世紀にイエスという男がいなかったという不在証明もできない、とされました。この研究を深めた一人が、後にアフリカへ行く医者のシュバイツァー博士です。彼の前半生は、『新約聖書』の研究家として、時代を画した史的イエスの研究で有名だったのです。

ともあれ、イエスの実在については結論が出ており、その前提でわれわれは神学を学んでいるのにもかかわらず、ここ二〇年ぐらいの研究というのは、いろんな言葉をコンピュータにぶち込んで、「これは本当にイエスが言った言葉かどうか」という実証研究をやっているのです。そんなの遥《はる》か昔、一九世紀にやっていたことを、ちょっと形を変えてコンピュータを使ってやっているに過ぎません。現在の思想や研究と称するものはその程度になっている。

あるいは、いわゆるポストモダン思想から出てきたポストコロニアリズムであるとかカルチュラル・スタディーズなども、すでに使い古された一八世紀啓蒙《けいもう》主義のちょっとした変形に過ぎない。

われわれの『資本論』の読み方は、そういうものではありません。幾時代も読み継がれてきた古典を、過去の読まれ方も踏まえながら、今改めて正面から読んでいこうとしているのです。

もちろん、読まれるべき古典は『資本論』に限りませんよ。みなさんには、もっと古典を読んでほしいと思うんです。何でもいい。『旧約聖書』や『新約聖書』でもいい。できるだけ日本語の翻訳がたくさんあるもので、「ここはわからないや」と思ったら、別の訳で読み比べられるものがいいです。ヘーゲルの『精神現象学』でもいい。あれは四つぐらい翻訳があります。カントの『純粋理性批判』でもいい。短いものがよければ、ヴィトゲンシュタインの『論理哲学論考』でもいい。あるいは『論語』でも『孫子』でもいい、『墨子《ぼくし》』でも『荀子《じゅんし》』でもいい。『法華経《ほけきょう》』や『太平記』でも、もちろん『源氏物語』でもいい。何でもいいんです。とにかくギャラリーに一定数の人がいる本で三〇〇年読み継がれている古典は、これから三〇〇年後でも読まれているのです。一〇〇〇年読み継がれている古典は、おそらく一〇〇〇年後にも読み継がれています。読み継がれてきた中で生まれたいろんな解釈、再解釈を通じて、われわれは時代ごとに古典を読み直すのです。

『資本論』は読み直すに値する本の一つですが、ただし、『資本論』だけ読んでいたらダメなんですよ。立体的に物事が見られなくなるから。何かほかの古典を持ったほうがいい。西洋の古典を読んでいる時は、もう一つ別の古典として東洋のもの、日本のものを選んだらどうでしょうか。私は日本のもので、腰を据えて読んでいるのは『太平記』なんです。後醍醐《ごだいご》天皇の即位から始まり、南北朝時代を描いていく古典文学ですね。「月刊日本」という右翼の理論誌でもう五年ほども『太平記』の読み解きをやっています。あるいは、天台僧侶《そうりょ》の慈円《じえん》が書いた『愚管抄《ぐかんしょう》』なんかもお勧めです。慈円は「百王説」を取っているんですね。『愚管抄』の中にグローバリゼーションの議論があります。四書五経の『礼記《らいき》』に百王説というのがあり、どんな王朝も王様が一〇〇人になったら必ず新しい王朝と交代する。日本の天皇は八四人目だから、あと一六人で必ず交代になるだろう。グローバリゼーションで、中国の基準に備えたほうがいい、と主張しています。

それに対して、一〇〇年ぐらい後に出てきた北畠親房《きたばたけちかふさ》という人物が『神皇正統記《じんのうしょうとうき》』を書きます。これはアンチグローバリゼーションで、主張としては「大日本《おおやまと》は神の国である。なぜかというと神の国だから」。これは究極のトートロジー、同語反復ですね。でも、それはいいのです。ものすごく重要なことは最終的にトートロジーにしかならないのだ、と先ほど名前を挙げたヴィトゲンシュタインの『論理哲学論考』できちんと論じられています。こういう古典を何冊か読んでいくのは、ものの見方や論理や感受性や人生観を鍛えるためにすごく意味があることです。

『資本論』の文体

さて、『資本論』は全三巻からなっています。岩波文庫の場合は第一巻「資本の生産過程」が三冊、第二巻「資本の流通過程」が二冊、第三巻「資本主義的生産の総過程」は四冊に分かれていて計九分冊。大月書店版の単行本は、第一巻が二冊、第二巻が一冊、第三巻が二冊で全五分冊。

ドイツ語で読むとよりハッキリするのですが、第一巻の書き方と、第二巻目以降の書き方や文体は全然違います。第一巻は本文に延々と注が付く。その注へさらに注が付き、その注に対するコメントがなおも付いていく、マルクスはそんな書き方をしています。何を言っているかよくわからなくなるような、ぐるぐるとした注が付いていく。これは実をいうと、ユダヤ教のタルムード文書の書き方なんですね。タルムード学(『旧約聖書』伝承研究)は、終わりのないくらい注を付けていきます。研究が終わる時はすなわち世界の終末の時であり、神の目的が達成される時でもある、という考え方ですから。そして、彼らタルムード学者は自らの言説に極端に固執し、偏屈です。このあたりもマルクスは似ていますよ。

私は大学でも大学院でも、神学研究しかしませんでした。外務省の外交官試験や専門職員試験には、憲法も国際法もあります。しかし、そんなに苦労しないで合格することができました。なぜかと言うと、法律学の考え方というのは基本的にタルムード学なんです。刑法コンメンタリーとか憲法コンメンタリーとか言いますが、コンメンタリーって〈注釈書〉ということです。そもそも注釈書とは、聖書の言葉について こう解釈する、その解釈に更に新たなコメントを付ける、そういう形で文章を並べていくものです。そして、カトリック教会の場合は「これが正しい考えだ」と裁判で決めていきました。まさに判例ですね。ですから判例集とコンメンタリーによって成立する法律のあり様は、私が神学研究で学んだタルムード文書の読み方で対処できたのです。

ところが、『資本論』は二巻目以降になると、文体ががらりと変わり、役所の報告文書みたいになります。ドイツ語でも日本語でも読みやすく、意味もわかりやすい。ただ、ほとほと無味乾燥で、退屈な文章なんです。若い頃には下手な詩人でもあったマルクスが書いた第一巻の文章は、ドイツ観念論の悪影響を受けた文体とぐねぐねとした論理構成で難解なのですが、言説が重層的になっていて知的刺激を強く受けます。それに、文学趣味的な比喩《ひゆ》もあるし、文学作品からの引用もある。なぜ、こんな違いが生じたのか？

マルクスが自分の筆で書いたのは、『資本論』の第一巻だけなんですよ。二巻目以降は、マルクスの盟友のエンゲルスがマルクスの草稿を基に書いた。マルクスとエンゲルスの関係については後で説明しますけれども、文体というのは、そのまま思想なのです。これは恐ろしいくらいで、われわれが遠距離恋愛をしていて、メールでやりとりをする。彼なり彼女なりの文体が変化した時には、相手に何か重大な変化が起きています。これは卑近な例ですが、挙動不審な文体になってくる時には、だいたい挙動不審なことが起きているものですよ（会場笑）。文体に変化が起きる時は、ものの考え方や人生に本質的な影響を与える変化が生じていると考えていいので、書物を読む時には、文体とか用語体系とかにはよく気をつけなければいけません。

ですから、『資本論』の第一巻と二巻三巻では、著者が違う、思想が違ってきているとさえ考えてもいいのです。マルクスの遺した膨大な草稿の中から、エンゲルスが「マルクスはこう考えていたであろう」という形で編纂《へんさん》したのが『資本論』の二巻目以降なんです。

日本で『資本論』研究が盛んなわけ

マルクスは『資本論』第一巻の初版を、三回も書き直しました。それ以外に、フランス語版『資本論』があり、これはマルクス自身が手を入れて翻訳を出したもので、章立てまで違います。だからフランスの『資本論』読みだと哲学者のルイ・アルチュセールがいますが、彼は〈認識論的切断〉という形で『資本論』を読んだ。詳細は省きますが、ドイツ語の『資本論』を読んでいたら、絶対にあの読み方は出てきません。あれはフランス語版の『資本論』だから出てきた読みです。

日本の文化のいいところですが、フランス語版の『資本論』もきちんと日本語へ訳されています。独語版と仏語版の比較研究を、わが日本語だけでできる。そんな国は多くありません。これはマルクス主義に対する研究が、日本で盛んだったからですね。なぜ盛んだったかの理由は簡単です。今年、二〇一四年はどういう記念の年でしょうか？　われわれはなかなかピンと来ませんが、ヨーロッパ人ならすぐに答えられます。今年は〈第一次世界大戦勃発《ぼっぱつ》一〇〇周年〉です。さまざまな意味で、きわめて重要な戦争でした。

第一次世界大戦があったから、日本ではマルクス主義の影響が強いのです。どうしてか？　明治以降、国費留学でヨーロッパへ出ていたのが、第一次世界大戦中は出られなくなった。欧州の戦争に巻き込まれるといけないというので、外交官はともかく一般の日本人は留学できなくなったんです。

ようやく第一次世界大戦が終わった頃、近代化が進んだおかげで、日本の教育の層はグッと広がりました。そこで一高、二高などでは足りなくなって、浦和高校とか松本高校とかナンバースクール以外の学校ができたんです。当然、促成栽培でも教師を作らないといけない。その時ヨーロッパを見渡すと、第一次世界大戦でドイツが負けたためにマルクが暴落しているんですよ。ドイツに留学すると、使用人や調理人を雇えて、本もごっそり買うことができる。戦勝国のイギリスやフランスに留学すると、ポンドもフランも高いですから、住むのは屋根裏部屋でろくなものも食えない。「ドイツに行くと王侯貴族の生活ができるぜ」というので、日本の青年たちはドイツに留学したのです。

実際に行ってみると、ドイツはどんなふうだったか。パン屋に行列していて、行列の前にいた人が買った時と後ろの人が買った時では値段が変わるぐらいの猛烈なインフレ下にありました。そんな状況の時は、みんな頭へ血が上ってカーッとしていますから、マルクス主義の影響がずいぶんと強かったのです。特に大学などでは社会主義の影響は大きく、日本からの優秀な留学生はみんな社会主義の勉強をすることになりました。それで帰国してきて、新しくできた九州帝国大学とか東北帝国大学とかに、新進助教授として就職していった。そんな成りゆきで、日本の大学の社会科学系は、ほとんどマルクス主義者に席巻《せっけん》されたのです。優秀な青年たちが安逸な生活を望んでドイツへ行った結果、マルクス主義にかぶれて帰ってきたわけです。この講義で、これから準主役のように出てくる宇野弘蔵《うのこうぞう》なんて人も、そういう青年の一人だったのであります。宇野は一八九七年に生まれ、一九七七年に没した経済学者です。

わかりやすい『マルクス・エンゲルス選集』

ところで。

最近、面白い本を読みました。『「資本論」全三部を読む——代々木「資本論」ゼミナール・講義集』という不破《ふわ》哲三《てつぞう》さんの本ですが、これを読んでハッキリしたのは、不破さんは共産党の議長を引退してから『資本論』を初めて本格的に読んだということ（会場笑）。自分一人で読むのはなかなか大変だから、教えながら読むのがいちばんいいと彼は思った。そこで、共産党の活動家を相手にゼミナールを始めて通読したんですね。

ちなみに、ひとに教えながら勉強するのはよくある手です。気をつけないといけないのは、大学のロシア語とかドイツ語の若手の先生って、だいたい文法に不安を持っているものです。ではどうするかというと、教えながら勉強していく。このやり方で確かに上達はするんですよ、先生当人はね。

ただ、その先生が教えた最初の五年ぐらいの学生にとってはいい迷惑で、デタラメを習うわけです。先生が手さぐりでやっているのだから、学生のロシア語が上達するはずはありませんよね。外務省で私が新人の教育係をやっていた頃、いちばん困ったのは大学の第二外国語でロシア語をやってきた人たちでした。まことに恐ろしいロシア語をしゃべるわけです。例えば、なぜかある研修生は複数形を一切使わない。あまりに不思議で、教科書を持ってきてもらったら、名前は伏せますが某大学の先生が書いた教科書ですけど、「複数形は難しいから」と単数だけで教科書を書いてある（会場笑）。そういうすさまじい教科書が世の中に出回り、大学の教室で使われているのです。

しかしロシア人は、三歳児でも複数形をしゃべりますからね。単数しかないロシア語教科書で勉強してきた人間に、そこのところから矯正していく、世の中には複数という概念があるんだと説明していくというのは、骨が折れました。何もやっていない人のほうが伸びるんですよ。

共産党系の人の『資本論』の読み方は、この単数しかないロシア語をやってきた学生と似ています。要するに「共産党の考え方がいちばん正しいんだ」といまだに思っているわけですね。あくまで、共産党の考えに合わせて『資本論』を読んでいく。これは、複数形があるとは考えもしないロシア語みたいなものですよ。ですから共産党系の人と『資本論』の話をすると、いちばん話が合わない。このへんが不破さんの本の面白いところでした。

『資本論』を読んでいる人なんて、共産党にもほとんどいません。仮に読んだとしても、まず第一巻だけです。第二巻、第三巻は読んでいない。実を言うと、本当はもう一冊、『資本論』の第四巻として想定されていた書物があって、実際にはマルクスはそちらのノートを先に書きました。大月書店の国民文庫から出ていますが、それだけで九分冊です。『剰余価値学説史』という大著で、エンゲルスも亡《な》くなった後にようやく公刊されました。これと岩波文庫で九冊の『資本論』、あわせて一八冊をまとめて読むと、マルクスが描こうとしたおおよその像が出てくる。

ただ、『剰余価値学説史』というのは読んでもなかなかわかりづらい。第一、読もうと思っても今や古本屋にもあんまり出ていない。もし出ていても、けっこう高価です。あ、安く買う方法を教えておきましょうか。大月版の『マルクス＝エンゲルス全集』第二六巻の第一分冊、第二分冊、第三分冊というのが、本の価値がよくわからない古本屋でときどき三冊一五〇〇円ぐらいで出ていましたら、すぐに入手した方がいい。これは『剰余価値学説史』というタイトルで探すと一万五〇〇〇円ほどしますが、まったく同じものです。

ついでにお勧め本も言いますと、新潮社版の『マルクス・エンゲルス選集』全一六巻というものがあるんです。新潮社というのは、「週刊新潮」を見てもわかるように、左翼が基本的に嫌いなはずです。特に共産党とはいろいろと裁判をやったりしてきた。ところが不破哲三さんの本も出している。かと思えば、セクハラで共産党から処分され、その後党をやめた筆坂秀世《ふでさかひでよ》さんの『日本共産党』なんて、いわば内部告発本も出してバランスを取る。そんな新潮社が、日本にはいろいろマルクスとエンゲルスの著作集があるけれど、どんな『マルクス・エンゲルス選集』を作ったか？　共産党の人を全《すべ》て排除して作ったんです。

しかもドイツ語やフランス語など、とにかく語学ができるという基準で訳者を選んでいる。だから、まったくマルクス主義とは縁遠いはずの林健太郎《はやしけんたろう》さん、この元東大総長で保守の論客が第六巻『革命と反革命』の「ドイツにおける革命と反革命」を訳しています。ドイツ語と照らし合わせるとわかりますが、実に正確でなおかつ読みやすい訳です。ただ問題はこの選集、活字が小さい上に、上下二段組なんですけどね。

この『マルクス・エンゲルス選集』は一九五〇年代半ばに出て息長く売れ、八〇年代に絶版になりましたが、安い時なら古本屋で一六巻揃《そろ》いを二〇〇〇円程度で売っています。私がこんなふうに言ってしまうと、Amazonでも最初の何人かが安く買えるだけで、すぐ値上がりしてしまいますが、それでも一万円までだったらお買い得ですよ。しかも第一四巻は向坂逸郎編『資本論解説』といって、実にバランスが取れた形で、一冊に『資本論』岩波文庫九冊分の内容をまとめている。文体がやや古いだけで、読んでわかりやすい。どうしてわかりやすいかと言うと、学生向けにまとめたものではないからです。

岩波文庫の『資本論』を訳した向坂逸郎という人は、九州大学の先生でしたが、同時に活動家でもありました。三池炭鉱の争議の指導もしています。三池の労働者たちに『資本論』を教える寺子屋をやっていまして、その時のレジュメをまとめたのがこの『資本論解説』なんですね。想定読者は毎日炭坑に入っている炭鉱労働者です。ですから、これは通常の忍耐力があれば読める構成になっている。さきほど話に出た『剰余価値学説史』も『剰余価値学説史解説』という一冊になっています。

マルクスとエンゲルス

さらに向坂さんが書いた『マルクス伝』もこの『マルクス・エンゲルス選集』に入っています。向坂さんというのは細かいところにこだわる人だから、共産党系の本には決して出てこないような話もばんばん出てきて、何とも面白い伝記なんですよ。例えばマルクスは、カネに汚かった。彼は生活が贅沢《ぜいたく》で、ワインはボルドーのワインが好きで、イギリスの安ワインなんか飲まない。そして夏休みになると、家族と一緒にコート・ダジュールで休暇をとらないと働く意欲がわかない。こういう考えの持ち主なんですね。

マルクスとエンゲルスの手紙は、山ほど残っています。旧ソ連と旧東ドイツにマルクス・レーニン主義研究所というのが作られまして、そこにマルクスの若い頃のラブレターとか、エンゲルスのノートへの落書きとかも保管されている（もっともほとんどが写しで、オリジナルはアムステルダムの研究所にあります）。マルクスの手紙の相当部分を占めるのが、カネの無心です。マルクスはひどい悪筆ですから、訓練を受けた人にしか読めませんけどね。

エンゲルスはユニークな人でして、この新潮社版の選集では、第二巻『イギリスにおける労働階級の状態』というのが彼の若い頃の本です。エンゲルスは、実は資本家なんです。彼は大学へ行きたかった。ところが、お父さんがマンチェスターに工場を持っているドイツ人で、大儲《おおもう》けしていて、「大学なんかへ行って悪いことを覚えるといけないから、早く家を継げ」となって、エンゲルス青年はマンチェスターに木綿取引所を作るんですよ。そうしたら、そこでも儲かって儲かってしょうがない。

そんな彼がマンチェスターの街を歩くと、労働者たちのひどい状態が眼に入る。例えば、労働者が飲んでいるココアと、自分が飲んでいるココアが違う。労働者のココアには細かい赤土が入っている。市場も違って、労働者が買う店では腐敗臭がする。蜘蛛《くも》の巣が入ったパンとか、おが屑《くず》入りのパンとか、そんなものを食べている。エンゲルスは、なんでこんなことになっているんだと不思議に思うんです。これは人間としておかしい状態ではないかと考えて、労働者街やスラム街を歩き回ってよくよく調べてみたら、自分の会社が搾取《さくしゅ》しているからだとわかった(会場笑)。このことを縷述《るじゅつ》したのが『イギリスにおける労働階級の状態』です。かといって、「俺が労働者になるわけにもいかねえからな」とも思っている。厩舎《きゅうしゃ》に自分の馬も、ヴィンテージがごろごろしているワインセラーも持っているし、「金持ちに生まれちまったのは、俺の宿命だ」と。おまけに、彼はなかなか経営手腕もいいんです。

あれこれ考えているところへ、マルクスという友だちがいて、「革命をやりたい」と言い出すわけです。「革命をやりたいが、カネはねえ」と言う友だち。しかも「貧乏暮らしはしたくねえ」なんて言う厄介な友だちなんですよ。で、エンゲルスに「お前はカネがあるんだから、俺の応援をしろ」と要請してくるんです。エンゲルスがえらいのは、「わかった、お前はたしかに才能があるから応援するよ」と、ずっと支えていく。彼はマルクスの才能に一切嫉妬《しっと》しないんです。

ところが、あんまり応援のしがいがないのですね、マルクスって男は。マルクスは大学を学業不良で退学になっています。頭はものすごくいいんですよ。ただ、数学が苦手なんです。一五年ほど前に京大の西村和雄《にしむらかずお》先生たちが『分数ができない大学生』

という本を出して話題になりましたが、平成日本のダメな大学生同様、マルクスのメモに残っている計算は、分数、割り算になるとまず当てにならない。共産党系の学者は「マルクスは無謬《むびゅう》である」という立場ですから、そんな明らかに計算間違いのものに対しても、いろんな変数を加えて、「実はマルクスはこういった変数を加えていたのであろう」とか言って、数字を合わせていく。なかなか手の込んだ興味深い研究だなあと私は常々感心しているんですけどね（会場笑）。

計算ができないのには理由があります。マルクスはユダヤ人の家庭に生まれました。トリールというフランスとの国境に近いドイツの小さな町で、お父さんがユダヤ教からプロテスタントに改宗した改宗ユダヤ人です。ユダヤ人のエリートは、子どもを学校へ通わせませんでした。マルクスが小学校に通うようになったのは四年生ぐらいからで、それまでは家で家庭教師をつけていた。ギリシャ語やラテン語、文学の家庭教師はつけたのだけれども、算数なんていうのは「商売をやる下品なやつがやるものだから必要ない」という考えから、算数を教えなかった。これが災いして、マルクスは生涯、数字をいじるのが苦手でした。

だから、マルクスの『資本論』は足し算、引き算、掛け算、割り算の四則演算以外の計算を使っていないわけですね。近代経済学と違って、数学が苦手な人でも読むことができるのは、そんな理由からなんです。

ただし頭が悪いかといったら、これは全然別の話です。ここもマルクスの面白いところですね。エンゲルスが編纂で非常に困ったのは、第三巻の序文に書いていますけれども、「マルクスのヤローが書いている数字が合わねえんだ」(会場笑)。

素顔のマルクス

マルクスは、大学にいる時にパクられています。逮捕の理由は、飲酒による狼藉《ろうぜき》でした。しかも拳銃《けんじゅう》を所持していて発砲までしていますから、パクられて当然です。ソ連時代に出たマルクス伝を見ると、若い頃から学生運動に従事し、革命運動をしていてパクられたことになっていますが、当時の記録を見ると、単なる不良行為でパクられたにすぎません。

そうこうするうちに、「共産主義者同盟」なんていう組織を作り、「第一インターナショナル」を作ったのですが、あんなものは仲間が五〇人ぐらいしかいない小さな陰謀団です。マルクスのところに、いろんな陰謀家がしょっちゅう訪ねてくる。それで気勢を上げて、「大革命をやってやろう!」と大言壮語をブツのですが、マルクスは実践運動をほとんどやらない人でした。

エンゲルスに宛《あ》てた手紙で、こういうのが残っています。「お前、なんで俺に十分な仕送りをしないんだ。俺にプロレタリアートのような生活をしろと言うのか」（会場笑）。さすがの向坂さんも抑え気味に『マルクス伝』に書いてあるエピソードです。

『マルクス伝』三三八ページには次のようにあります。

「一八六三年一月七日、エンゲルスの愛人（エンゲルスは、一生法律上の夫人をもたなかった）メリー・バーンズが亡くなった。エンゲルスは、このことをすぐマルクスに知らせた。問題の手紙は、これに対して書いたマルクスの手紙である、

『親愛なるエンゲルス！

　メリー死去の知らせはたいへん突然だった。ひどく愕《おどろ》いている。彼女はほんとうに気立がよく、才気もあって、心から君を愛していた。』こう書いて、マルクスは、自分の窮状をつげ、金策をたのんでいる。そして最後に、

『……今度は君の家政をどう処置するつもりか？　君は気の向き次第あらゆる人間の屑から解放され隔離された家庭をメリーの所にもっていたのだから、随分つらいことだろう。』」

　とにかく「カネをくれ」という手紙を出しているわけですね。「お前は愛人が死んで大変だろうけれども、俺もカネに困って大変なんだ」と（会場笑）。さすがのエン

ゲルスも怒って、「もうお前とは付き合わない」って返信を出すと、マルクスは慌《あわ》てて詫《わ》びの手紙を書いている。共産党やソ連の伝記では出てこないこういうエピソードが、新潮社版の『マルクス伝』には出ています。でも、そういう部分も含めて、全体としてマルクスというのは何とも面白い人であるわけですよ。それがいつの間にか神格化されて、何だかウンコもしないマルクスみたいな雰囲気になってしまった。

ちなみに、マルクスのお墓はロンドンのハイゲイト墓地にあります。エンゲルスの墓は？　彼のお墓はないんですね。「自分は人に崇拝されるのが嫌だから、自分の遺灰は海に流してくれ」。それでドーバー海峡に流してもらった。いい組み合わせというか、対照的な二人です。

彼の台所事情

マルクスには三つの収入源がありました。まず一番目、自分の印税。しかし、『資本論』で入った印税はおよそタバコ代にも及ばなかったとマルクス自身が書いていますから、ほとんどカネにならなかったと思っていい。

二番目は、奥さんの持参金。奥さんは貴族ですから、マルクス家はその潤沢な持参金で生活していました。奥さんは実家から女中さんを連れてきていたんです。ところが奥さんは天然痘《てんねんとう》にかかって、セックスできなくなります。そうしたら亭主のマルクスは奥さんの連れてきた女中さんの上に乗っかっていく。それで子どもを作る。しかし生涯、認知しなかった。認知しないだけじゃない、「エンゲルス、お前は独り身だろう。お前が彼女に乗っかったという話にしてくれないか」（会場笑）。それでエンゲルスに認知させるんですね。このせいでマルクスの娘たちは、「エンゲルスおじさんは腐りきっている」と思った。お金を家に送ってくれるのは有難いけど、ふしだらな男だ、と。

エンゲルスは亡くなる前になってようやく、エレナというマルクスがいちばん可愛《かわい》がっていた末娘──マルクスには成人した娘が三人いて、一人が病死、二人が自殺しました。エレナも女たらしと結婚し、裏切られて自殺してしまいます──に、「あれはお父さんの子だよ。僕は言われて認知しただけなんだ。ほら、顔もそっくりだろ？」と言い残しました。

そういった人間マルクスを描いている本に、マクレランの『マルクス伝』があります。マクレランはロンドン大学教授で、マルクス主義者ではなく、カトリック信者です。マルクスの伝記研究では非常に有名な人で、ミネルヴァ書房から『マルクス伝』、勁草《けいそう》書房から『マルクス主義以前のマルクス』が出ています。これらを読むと、マルクスのこの多面的な活動、人間的な側面というのがよく見えてきます。

二つの魂がある

ここから少し難しい話に入ります。

マルクスの『資本論』に関しては、二つの読み方があります。先ほど名前を出した宇野弘蔵という人の読み方、いわゆる宇野学派の読み方と、それ以外の読み方です。

宇野学派の読み方とは何か、乱暴に説明しますね。

マルクスには二つの魂がある、と考えるんです。一つは、マルクスは革命家であり、共産主義者であるという魂。ちなみにマルクスは、「社会主義」という言葉をほとんど使っていません。「社会主義」という言葉を使う時は、だいたいネガティブなコンテキストです。マルクスが言うところの社会主義のイメージは、ナチスみたいな国家社会主義です。あるいは北朝鮮のような体制を指すときに、「社会主義」という言葉を使います。

「社会主義」に対して、これから作り上げていかねばならない未来の体制として、「共産主義」という言葉を使っています。エンゲルスは、共産主義の初期の段階が社会主義という考え方です。このエンゲルスの考え方がレーニンとスターリンへ繋《つな》がっていきます。マルクスの考え方は、バクーニンとかプルードンとかのアナーキストに近い考え方です。宇野弘蔵の考え方は、実はアナーキズムに近い。現在だと、柄谷行人さんの発想もアナーキズムに近いですね。

マルクスの二つの魂に戻りますよ。マルクスには、「共産主義を起こしたい」という革命家の魂がある。それと同時に、資本主義社会はどういうふうなシステムになっているのか、その内在的な論理を解明したいという観察者の魂がある。そして宇野弘蔵は、マルクスの〈革命家の魂〉を括弧《かっこ》の中に入れて除外したのです。そして、観察者マルクスのテキストを論理としてどれだけ整合性があるか丹念に読んでいって、論理が矛盾していればいくらマルクスの主張していることであろうとも却下する。そういうふうに再整理していきました。

ですから、一方においては富の集積が起きて、他方においては貧困の集積が起きる。そして、その格差はどんどん拡大していき、ついに人間の抵抗が爆発する。革命が起きる、最後の警鐘が鳴る、収奪者が収奪される。そういう革命を志す部分も『資本論』にはあるのですが、こういう箇所はマルクスがちょっと興奮して書いてしまったんじゃないか。宇野はそういう立場です。

マルクスさん、そうではないでしょう？　恐慌《きょうこう》が起きて、失業者が出るし、死ぬ人だって出るかもしれないけれども、イノベーションが起きて、資本主義は生き残っていきますよ、と宇野は主張するのです。どんどんイノベーションを繰り返して、資本主義はあたかも永続するがごとく運動を繰り返しますよ、と。宇野は、意外とシュンペーターの「創造的破壊」などに近いような恐慌の論理を唱えています。このあたりは、またいずれ詳しくお話しすることになるでしょう。

マルクス経済学とマルクス主義経済学

宇野弘蔵の考え方は、基本的に経済学を歴史学の一つとして考えています。経済学というのは、資本主義時代にしか通用しないものです。なぜならば、経済を基準に社会全体が動くようになったのは資本主義になってからですからね。その歴史的に特殊な資本主義時代というものの論理を、実証的かつ客観的に明らかにしていくのが経済学です。

『資本論』を読んでいく時でも、宇野さんは決して、「理論と実践の有機的な統一」であるとか、「唯物史観《ゆいぶつ》」であるとか、「人類が原始共産制から奴隷《どれい》制になって、封建制になって、資本主義になって、社会主義になって」というような発想はとりません。資本主義社会の論理をつかむということだけを考えていくのです。人間の経済生活が商品によって行われる資本主義社会の内在的論理は全て、客観的かつ実証的な方法で証明することができるんだという姿勢です。

宇野弘蔵は、共産党系の経済学や『資本論』を訳した向坂逸郎さん——彼は社会党左派系——たちの経済学については「マルクス主義経済学」と呼びました。そして、自分がやっているのは「マルクス経済学」だと言った。マルクスの考えたことは「経済学」と言えるものだけれども、彼の論理体系とそれ以外のいわゆる近代経済学とを区別するために、「マルクスの経済学」という意味合いで「マルクス経済学」と呼んだのです。

それに対して「社会主義を実現するんだ。今の資本主義はなってないぞ」という観点、イデオロギーの観点、彼らの正義の観点から『資本論』を読んでいくのは「マルクス主義経済学」であり、自分の経済学とは一切関係がない、としたのが宇野の立場です。

ちなみに、一九七一年に大阪市立大学の見田石介《みたせきすけ》さんとか林直道さん、あるいは東大の先生だった横山正彦さんたちが新日本出版社という共産党系の出版社から、『マルクス主義経済学の擁護』という本を出しました。副題に「宇野弘蔵氏の学説の検討」とある通り、宇野経済学に対する批判的研究を何冊かの連作にする予定だったのですが、この一冊で終わっています。

見田石介は社会学者の見田宗介《むねすけ》さんのお父さんです。見田石介さんの戦前の本は、甘粕石介《あまかすすけ》名義で出ている。途中から名字が変わっているんです。というのは、彼は大《おお》杉栄《すぎさかえ》を殺した甘粕正彦大尉《まさひこたいい》のいとこなんですね。甘粕という名字だと、すぐに「もしかするとあの甘粕大尉と関係がありますか」などと聞かれて「いや、実はいとこなんです」と毎回説明するのが面倒くさいので、名字を変えたのです。

この『マルクス主義経済学の擁護』の読みどころは、巻末の「宇野説の社会的基盤」という座談会にあります。これを読むと、なぜ共産党が宇野学派を非常に嫌がったかという原因がよく解《わか》りますよ。座談会の席上、共産党側に反省する点はないかと問われて、横山正彦さんが「もちろん言わずもがなのことですが、自分自身の頭で思考するということですね。この点の不十分なことは、われわれの欠陥であった」と答えている。「外国の理論に追随していれば、またマルクスやレーニン、かつてはスターリンなどに依拠すれば、もう安心するというか、なんとかそれに沿ったものにするという方向に力点が行っていたということですね」。つまり、自分の頭で考えていないことを相当正直に白状しています。だから学生たちは理論的に宇野へ惹《ひ》かれていくのだろう、という反省が活字で残っているわけです。いかにマルクス主義経済学がおかしなものであったかがわかる文献で、古本屋に一〇〇〇円以下であれば買ってもいいと思いますよ。五、六〇〇〇円の値がついているのを見たことがありますが、そんな価値はない本です。

アベノミクスの運

マルクス主義経済学同様、近代経済学もおかしなものです。フリードマンやスティグリッツ、あるいはマンキューといった今の主流になっている経済学ですね。例えばマンキューの教科書なんか見ると、本当にアメリカの数学の水準が落っこちていることがよくわかります。数式が一つも入っていません。アメリカの大学の適性テストって、アイヴィーリーグのやつを見ても、数学の水準は日本の中学生レベルですもんね。そんな程度の教科書になってしまっている。

あるいは金融工学系のものもおかしい。こういったものを全部含めて、宇野弘蔵は「イデオロギーだ」と言っています。なぜイデオロギーかというと、おカネを自明なものとしているからイデオロギーなのです。近代経済学には貨幣本質論がありません。「どうして貨幣というものができたか」なんてことは詰めずに、貨幣は既にあるものとして扱われているのです。そうすると、マネーをどんどん刷《す》ればいい、という話が出てくる。日本銀行に輪転機があるわけじゃない、造幣局に輪転機はあるわけですが、輪転機をグルグルと回して、非伝統的な形でマネーの量を増やすと、デフレが解消するそうなんです。私にはよくわかんない理屈ですけど（会場笑）。

でも、これは国際政治に影響を与えていますよ。朴槿恵《パク・クネ》さんはなんであんなに日本が嫌いなんですか？　安倍首相や麻生太郎財務大臣との相性が悪いからだとも、お父さんが親日派だったので、父親との差をつけないといけないから怒ってみせているんだとも言われていますが、私は、安倍さんが輪転機をどんどん回したせいだと思っています。

安倍さんが輪転機を回すとどういうことになるか。円は弱くなり、日本から輸出がしやすくなりますよね。そのぶんウォンは高くなります。アベノミクスのおかげで、ヒュンダイもサムスンも売れなくなる。韓国から見れば、日本は為替《かわせ》ダンピングをしているように見えるんです。ほんとのこと言うと、実際に為替ダンピングをやっているわけですけどね（会場笑）。一ドルが一〇五、六円になって、円安だ、調子いいぞとみんな喜んでいます。自国通貨の評価が下がれば下がるほど喜ぶというのは、すでにそれは為替ダンピングの心理ですよ。

アベノミクスは運がよいところと、悪いところがあります。アベノミクスが当初うまくいったのは、ちょうどユーロ危機がひと段落ついた時期に始めたからです。大量に世界に溢《あふ》れていたヘッジファンドのマネーが、ユーロが危ないということで円に避難していた。それが一息ついたことで、ユーロへ戻ったわけですね。

あまり注目されていないけれども、すごく深刻な現象はユーロが一四〇円台になっていることですよ。ドルとユーロが四割も開いたなんて前代未聞《みもん》です。EU加盟諸国のファンダメンタルズはそんなにいいですか？　ギリシャやイタリアの情勢が改善しましたか？　アイルランドやスペインやポルトガルの経済、よくなりましたか？　構造改革は進んでいますか？　とりあえずドイツ製品がEU域内で売れるので、ドイツの大勝ち状態ですが、ユーロだてのプラントにしても、ユーロだての自動車にしても、家電製品にしても、中国に売れなくなっている。そうすると欧州各国も、基本的にはユーロが安くなってほしい。ただ自分たちの実力では誘導できない。やがて再びユーロ危機が起きた時、今ユーロに集まっているお金は、円かドルかどちらかに逃げますよね。まあ、円に逃げてくるでしょう。

となったら？　株価は下がり、安倍さんの支持率も下がり、大変な状態になる。たぶん安倍さんは政治家特有のカンで何となくそのへんに気づいていて、自分にとっていちばんコアな支持層である右派を固めておこうという思いがあるのでしょう。それゆえの靖国《やすくに》参拝であり、憲法解釈の変更による集団的自衛権行使の容認などの右派向けの政策である、と私は見ています。

宇野経済学、あるいはマルクス経済学の洗礼を受けていると、ユーロと政治の関係についてこういう見方をするようになります。ほかにも、さまざまな疑問が出てくるわけです。貨幣をどんどん増やすと、インフレ予測は二％になる──本当にそうでしょうか？　マルクスの貨幣論では、〈貨幣数量説は通用しない〉ということを何度も強調しています。

なぜなら、例えば「商品」というものがある。この商品は、共同体と共同体の間から生まれてくるのです。そして商品のあるところには必ず貨幣が生まれてきます。商品の中に貨幣が含まれている、と言ってもいい。貨幣は人間と人間の関係から生まれていながら、人間関係に影響を与えます。人間は貨幣を崇《あが》めるようにさえなります。それはなぜなのか、近代経済学は触れようともしません。ここのところは今日十分に理解できなくてもまったく問題ないです。これはマルクスの『資本論』のいちばん最初の「価値論」に述べられていることで、『資本論』は第一巻、それも岩波文庫で言えば第一分冊がいちばん難しいんですよ。難しいというか、複数の解釈ができるのです。そこの解釈をどう取るかで全然違う『資本論』読みになるのです。

商品とは何か

あらゆる商品には二つの要素があります。「価値」と「使用価値」です。

例えば、私のこのボールペンで価値ということを考えてみましょう。実はこのボールペン、そんなに簡単には買えません。一見どこにでもあるように見えるでしょ？ でも、この三菱の七〇円のボールペンって、あまり見かけないんです。トンボの七〇円のやつはけっこうあるんですけどね。私、これを通販で一生懸命探しては買っています。どうしてかというと、階ごとに違うのですが、東京拘置所で私がいたB棟の八階ではこのボールペンしか買えなかった。ですから懐《なつ》かしさもあって、これを探し求めているんです。これ、東京拘置所で買うと六三円でした。一割引なんです。七円のために拘置所へまた入りたいとはさすがに私も思わないですけどね（会場笑）。

この水のペットボトルは、暗い裏道の自動販売機だと、まだ一〇〇円でしょう。普通の自販機だと一二〇円。

最近出た、鎌倉孝夫《かまくらたかお》さんという宇野学派の人と私との対談本『はじめてのマルクス』は一三〇〇円です。金曜日という出版社から出ています。金曜日から出した本なんてあまり売れそうにないのに、これはすぐに四刷、一万三〇〇〇部になりました。

カバーが入門風のイラストにしたので、取っつきやすくなっているからだと思いますが、内容は極めて高度な、宇野経済学の検証に関する議論です。Amazon のカスタマー・レビューは大したものだなあと思ったのは、この本のレビュアーでわれわれ二人の共通点と違いをきれいに整理している人がいました。

ともあれ、本は読む、ボールペンは書く、水は飲む。これが使用価値です。使用価値はモノそれぞれに違います。うんと乱暴に言えば、近代経済学でいう「効用」に近いです。厳密に言うと違いますけれどね。

それに対して価値の方は、『はじめてのマルクス』は一三〇〇円、ボールペンは七〇円、水は一二〇円という具合に、貨幣へと通約できる共通性のことです。ここのところをマルクスは、使用価値と価値というふうに分けています。われわれ消費者にとって大事なのは使用価値ですよね。

ところが売る側の人間にとっては、使用価値は関係ないんです。「私はこのボールペンを売るけれども、使いません」というのが売り手です。〈商品には手を出すな〉って言葉がありますが、あくまで商品は売り手が使わずに、他人へ売るものなのです。売り手の目的は？　カネを得ることですよね。資本家というのは、ボールペンを売ってもいいし、エロDVDを売ってもいいし、『聖書』を売ってもいいし、『資本論』を売ってもいい。カネになるのなら、売るのは何でもかまわないわけです。

昔、総評（日本労働組合総評議会）の議長になった太田薫《おおたかおる》という人がいました。彼は「クソがついても千円札は千円札だ」と言って、〈クソつき千円札論争〉というのが起きたくらい波紋を呼びましたが、たしかに貨幣ってそういう性質のものなのです。

商品は貨幣を愛する

ただ、先ほども言ったように、貨幣は人間と人間の関係から生まれているわけです。ボールペンを山ほど持っている私が、本を欲しくなったとする。しかし本を持っている人は、ボールペンをすでに一本持っている。私が「ボールペン一五本出すから、本を買わせて下さい」と言ったって、「そんなにボールペンいらないもんね」と断られる。だから、カネに一回換えるわけです。ボールペンをカネに換えて、本を買う。別にカネでなくてもいいんですよ。日本は戦前までコメがカネの代わりになっていましたよね。地代を納めるときは、べつに金納じゃなくても、コメで納めてもよかった。

あるいは私がモスクワに行った直後、一九八八年頃から、ルーブルはもうほとんど使えなくなっていました。価値がほとんどなくなり、本当に有り余っているものくらいしか買えませんでした。当時のモスクワで本当に有り余っているものって何かと言えば、例えば米原万里《よねはらまり》さんに『旅行者の朝食』というエッセイ集があります。「旅行者の朝食」とは、実際にある缶詰の名前なんです。何が入っているかというと、わかめのトマト煮とか、うろこの付いたイワシとか、とんでもなく臭くて、まずくて、カロリーだけは高いという代物《しろもの》で、誰も買わない缶詰。ですから「旅行者の朝食」と言えば、ロシア人の世界では〈誰も買わないもの〉という意味になります。こういう缶詰ならルーブルで買えました。それ以外はルーブルでは買えない。

では、欲しいものは何で買うのか。タバコのマルボロなんですよ。赤いマルボロがおカネの代わりになっていました。タクシーでモスクワ市内を端から端まで走って、料金はマルボロ一箱です。ほとんど白タクですが、道端でマルボロを振って止めるんです。

レストランへ四人で行って、メニューにないウオトカを飲んで、メニユーでは「品切れ」になっているキャビアとかステーキを食べる。メニューにないものをいかに出させるかというのが、モスクワ勤務の外交官の腕ですからね。たらふく食べて呑《の》んで、最後にアイスクリームも平らげて、四人分〆《しめ》て、「じゃあ、マルボロ一カートンね」。あるいは、「冷蔵庫を買いたいなら、マルボロ三カートン持ってこい」なんて。家庭教師の支払いもマルボロでやっていました。ドルを使うとシベリア流刑《るけい》になるわけですが、マルボロをやり取りしても罪には問われないのです。こういう時代がちょっと前まで現実にあったんです。ただし、赤いマルボロでないとダメでした。マルボロライトやメンソールじゃダメ、ラッキーストライクではダメなんです（会場笑）。ちなみにルーマニアでも似た事態が起こりましたが、あちらではなぜかケントでないとダメでした。

こういうものを『資本論』では「一般的等価物」と呼んでいます。昔の日本のコメも、少し前のモスクワのマルボロも一般的等価物です。人と人との関係が生み出した、「これを持っていけば何でも手に入る」というものを指します。コメなんかを使うと嵩張《かさば》るし時間がたつと劣化しますから、一般的等価物は最終的には金や銀などの貨幣になり、やがて紙幣になった、というのが『資本論』の考え方です。

貨幣は何にでもなれるのです。本を持っていたところでカネになるとはかぎらないし、ボールペンを持っていてもカネになるとはかぎらないし、水があってもカネになるとはかぎらない。しかしカネがあれば、本にもなるし、ボールペンにもなるし、水にもなる。堀江貴文《ほりえたかふみ》さんが「カネで買えないものはない」と言いましたが、あれは堀江さんが言っているのではないんですね。『資本論』で謂《い》うところの「資本」が堀江貴文さんという人間の形をとって言わせているわけです。『資本論』の中の「資本家」というのは、資本の論理をそのまま体現している存在です。そこに人格はありません。

カネがあればいつでも商品になるけれども、商品があっても必ずしもカネになるとはかぎらない、とマルクスは言います。「商品は貨幣を愛する。が、——文学趣味があったマルクスらしくシェイクスピアの『夏の夜の夢』を引用します——『誠《まこと》の恋が平かに進んだ例《ためし》がない』ことを、われわれは知っている」。つまり、商品がいくら貨幣に熱をあげても、しばしば商品の片思いに終わるものだ、というわけです。商品が貨幣に代わることは、いつだって命がけの飛躍、とんぼ返りみたいなものだ、ともマルクスは指摘しています。

「商品は貨幣に姿を代えられる」という命がけの飛躍を仮定することには、どこかで人知を超えた、宗教的な要素がありますよね。そして、貨幣はそもそもモノなのだけれども、やがて「カネがあれば何でもできる」という神様みたいな性質を持つようになります。しかも、肉でも果物でも腐りますから、必要以上に持とうという人はいませんよね。ところが、カネはいくら持っていても腐らないし、たくさん持つことで何にでも姿を変えられるようになる。持てば持つほどいい。そんな幻想や執着が生まれてきます。これをマルクスは「フェチシズム」と呼びました。よく「フェチ」って言いますね。猫フェチとか、パンストフェチとか。その「フェチシズム」です。岩波文庫の『資本論』では「物神崇拝」と訳されています。

貨幣の魔術性

マルクスの『資本論』を日本でいちばん最初に完訳したのは高畠素之《たかばたけもとゆき》という人物です。この人は『資本論』を三回訳していますが、二回目に訳した『資本論』は、立派な装丁で大正時代に新潮社から出ました。これはなかなかのレアものなので、古本屋で四冊揃いが二万円以内だったら、古書的価値も十分あるのでお勧めします。翻訳の内容もなかなかいい。その後昭和になって円本時代が来て、改造社から五冊本で出ました。この五冊揃いも安ければ二〇〇〇円ぐらい、高い時で二、三万円しますが、古本屋で見つけたらぜひお勧めです。高畠素之は『資本論』翻訳の第一世代として自力で訳していますから、いろんな用語を彼が編み出しているんですね。

　ちなみに、高畠は私の同志社大学神学部の先輩になります。彼は『資本論』を訳しているうちに、マルクスはダーウィンの「進化論」を知らないで書いていると言い出しました。この世の中には適者生存の競争があるんだ。強い者が弱い者を食っている。この点に関してマルクスは甘くて、人間の友愛とか、そういったことを信じている。しかし、社会主義社会を作っても、人間の性悪で競争好きな体質は変わらないだろう。だから国家によって人間悪を抑えないといけない。より強い力によって統制しないといけない。ということで、高畠はナチスより先に国家社会主義を提唱し始めるんです。イタリアでファシズムが生まれるのと同じ頃に、国家社会主義の理論家になりました。

　この人、一九二八年に若くして死んでいるからいいようなものの、もし元気だったら、陸軍に人脈がありましたから、五・一五事件や二・二六事件みたいな出来事が、もっと乾いた陰惨なクーデター事件となって大変な事態になったでしょう。日本のファシズムや国家主義思想の源泉というのは、この高畠素之にあります。

　高畠は「フェチシズム」に「魔術的性格」という訳を当てています。貨幣が魔術性を持つとどういうことになるか？　予想インフレ率が二％だったら、持っているカネを使いたくなりますよね。普通はそうでしょ？　貯金が、賃金が、二％目減りするのだから、買う予定だったものは少しでも早く買おうとする。これが合理的な考えですよ。ところが、貨幣数量説に立たないマルクス経済学では、この貨幣の魔術性、物神性ということを前提とするから、「来年物価が上がるらしい」のならば、「それじゃあ、カネは大切になるから握っておこう。少しでも使うまい」という可能性も排除しない。人間が合理的な行動とは違う行動をとってしまう。これは貨幣が孕《はら》んでいる物神性から生まれてくるのだというのが、マルクス経済学の考え方です。マルクス経済学を知っていると、アベノミクスのインフレターゲット論なんて成り立たないことがわかります。

　現在、日本の近代経済学者の中でいちばんよくマルクスを読んでいるのは、私が見る範囲では竹中平蔵《たけなかへいぞう》さんです。彼の経済学説史である『経済古典は役に立つ』での『資本論』解釈の部分は宇野弘蔵に依拠しています。私と竹中さんが対談本『国が亡《ほろ》びるということ』を作った際、彼は高校生の頃、マルクス・エンゲルスに大きな刺激を受けて経済哲学を学ぼうと志したのだ、と言っていました。自分の思想のベースには今もマルクスがあるとも言いました。竹中さんは理論的には実にしっかりしている人で、初期の著作の『研究開発と設備投資の経済学』も、共同研究の『対外不均衡のマクロ分析』もいい本です。

　後で出てきますけれど、「労働力商品化」という『資本論』の思想の核心があります。マルクスの言う通り、価値は労働力からしか生まれません。ですから、マルクスを深く読んでいる竹中さんが今、人材派遣会社パソナの会長をやっているのも故《ゆえ》なしとしない（会場笑）。人間をギューッと絞るのがいちばん利潤を得るのに確実な方法だというのが、マルクスの『資本論』の論理であります。また、株や土地を「擬制《ぎせい》資本」、フィクションの資本と呼んでいます。このあたりは『資本論』第三巻に出てくるのですが、これは宗教に非常に近いものだというのが、『資本論』の論理です。

みなさん、一万円札の原価はいくらだと思います？　だいたい二二円ですよ。二二円の紙で一万円分の商品が買える。株券に至ってはもはや紙すらなくなり、データの上でしか存在しない。ということは、やはり人間と人間の関係の上に成り立っているわけですね。みんなが信じているから一万円札は一万円札として機能しているわけです。

そうすると、私の本来のフィールドである神学と関係してきます。キリスト教やユダヤ教では、人間は神様以外を拝んではいけないことになっています。そして、マネーや株券は人間が作った偶像です。偶像を拝んではいけないのです。しかしマネーは生きていくために必要なものです。そこで大きな問題になってくる。

これはもう余談ですが、竹中さんのエピソードを一つ披露すると、あの人は付き合いが悪いのですが、そのぶん〈付き合いをよく見せる方法〉を熱心に研究しているんですよ（会場笑）。基本的に飲み会は時間のムダであると思っているけれども、毎回行かないと変な人だとかガリガリ亡者《もうじゃ》だとか思われるから、結果として損をする。だから、誘われたら三回に一回ぐらい行ったほうがいい。行けば行ったで、一次会だけで失礼するのも評判が悪くなるから、二次会のカラオケにも必ず行く。そしてみんなに先駆けて最初に二曲ぐらい続けて歌う。その時、コートは自分の横に置いておいて、歌い終わったらスッと逃げる。印象をちゃんと残しておくんだ、と言ってました（会場笑）。非常に細かく考えているんです。

私、ああいう徒手空拳《としゅくうけん》ではい上がってきた人って、好きなんですよ。でも、そんな個人的な好き嫌いはおいても、竹中さんというのは、私もよく批判する新自由主義の信奉者とは全く違います。経済合理性とは違うことをずいぶんやっている。人間の非合理性をわかっているし、いたずらっぽいこともたくさんやっているわけです。一方で、左派のように見える浜矩子《はまのりこ》さんは、マルクスのものを全然読んでいないようです。ただ発想としては、彼女が言っていることのほうが新自由主義と親和的なんですよ。ただ竹中さんも浜さんも一橋大学の同じゼミの出身者だというのが不思議な話です。

日本資本主義論争

　さて、宇野経済学というのは、いわば価値中立的に『資本論』を読む姿勢ですから、資本家と戦うためではなく、資本家のために資本とは何かを説いた本として『資本論』を読むこともできるわけです。そんな視座で『資本論』を読んでいる人に、イギリスの高級紙「ガーディアン」で長く記者をしていたフランシス・ウィーンがいます。彼の『マルクスの「資本論」』という本がポプラ社から出ていますが、いい入門書です。

　ウィーンは、マルクスは『資本論』を労働者のためではなく、資本家見習いに向けて書いているのだ、と言っています。資本家の立場で資本主義を見て、どういうふうにすれば資本というものは流通して増えていくのか、どういうふうにすれば儲かるのか、そこを『資本論』は考察しているのだ、と。実は私も同じ意見ですし、宇野経済学の考え方も同じです。そして、ウィーンが指摘する、「『資本論』は未完成の断片的な仕事なのである」、「マルクスに十分なエネルギーと時間さえあれば書いていたはずのことが省略され、語られないままになっている。そして批判者たちが勝ち誇ったように指摘することだが、いくつものミスや誤解がある」というポイントについて、省略を補足する声を出し、ミスや誤解を訂正してきたのが、欧米のマルクス主義者やマルクス経済学者ではなく、宇野弘蔵でした。日本人が『資本論』の読みを深めていったのです。

ここで、もうちょっと話を広げましょう。

日本における『資本論』読みの背景知識として、一九三〇年代に帰らないといけません。

一九三〇年代に日本の左翼陣営を真二つに分けた「日本資本主義論争」というのがありました。この論争で、日本のマルクス主義者は講座派と労農派という二つのグループに分かれたのです。

まず講座派、なぜこんな名前かというと、一九三二年から翌年にかけて刊行された『日本資本主義発達史講座』（岩波書店）という全集に執筆した人たちだからですね。具体的には、日本共産党系の野呂《のろ》栄太郎《えいたろう》、服部《はっとり》之総《しそう》、羽仁《はに》五郎《ごろう》、山田《やまだ》盛太郎《もりたろう》、平野《ひらの》義《よし》太郎《たろう》などです。ちなみにこの『日本資本主義発達史講座』、古本屋で六〇〇〇円ぐらいで今も買えます。それなりに面白いものですよ。

彼らの考え方は、明治維新によって日本は絶対主義天皇制の支配に置かれるようになった、というものです。つまり、封建制は江戸時代より強まった、という見方ですね。そして絶対主義天皇制における権力とは、地主、天皇制官僚、軍事官僚がいて、その頭に天皇がいるというモデルです。だから革命運動としては、まずこの天皇制を打破し、日本を資本主義社会、市民（ブルジョワ）社会にしないといけない。そんなフランス革命のようなことを目指すのが、一段階目の革命。そして資本主義になった日本で社会主義革命を起こす。こういう二段階革命で行くというのが講座派の考え方でした。

これはそのまま当時の日本共産党の考え方でもありました。一九三二年にコミンテルン〈第三インターナショナル、国際共産党〉が作った日本に関するテーゼ、「32年テーゼ」の規定通りなのです。共産党は、国際共産党の日本支部でしたから、モスクワの指令に基づいて活動していました。このテーゼで、「天皇制」という言葉に関して本格的な論理展開がなされたのです。そもそも「天皇制」という言葉は、「27年テーゼ」とか、その前の「日本共産党綱領草案」とかのために、モスクワで作られた外来種の新語です。いかにも左翼が作った言葉ですよ。どうしてか？　天皇制というのは文字通り、〈制度〉を指しています。制度だから、前提として改変可能なのです。だから右翼が「天皇制断固擁護！」などと主張するのは本来あり得ないはずなんです。改変可能だと認めていることになりますからね。

最近、國學院大学の先生で、「天皇制というのはよろしくないから、天皇制度だ」

と言い直している方がいますけど、「制度」も「天皇制」も一緒でしょう。制度として見ることは、すなわち改変可能だということになります。

講座派対労農派

講座派に対して、「労農」というマルクス主義の雑誌があって、そこに寄稿する人たちを労農派と呼びました。山川均、堺利彦、大内兵衛、荒畑寒村などがいます。向坂逸郎もそうです。労農派は、どう考えたか？　彼らは明治維新を基本的にブルジョア革命、市民革命だと捉えました。革命は既に一度起きており、日本というのは日清・日露の戦争を経て、高度に発達した資本主義国かつ帝国主義国になったと規定したのです。ただ、一部に封建的な残滓《ざんし》がある。例えば貴族制度があり、コメの物納を受けるような地主もいる。しかしそういったものは次第になくなっていって、グローバルな資本主義の一端を占める国になっていくだろう。資本主義への見方は、現代のウォーラステインの「世界システム論」であるとか、新自由主義的なグローバリゼーションの理論あたりと似た考え方です。

労農派は、日本で要請されているのは、もう直ちに社会主義革命なのだと主張しました。じゃあ、天皇は？　天皇はもはや資本主義システムの中に解消されて、権力の実態は天皇にはない、と見たのです。権力の実態というのは、三井とか三菱とか、そういう大財閥が持っており、天皇などは財閥に使われている存在であり、地主の力も二次的、三次的なものに過ぎない、という考え方です。そして、すぐにも社会主義革命は可能なんだ、と主張した。ここにねじれが生じます。

実は戦前において、社会主義を唱えたらすぐ捕まる、というわけではなかったのです。さっき名前が出た高畠素之の国家社会主義、あるいは北一輝《きたいっき》の純正社会主義がそうであるように、〈錦旗革命《きんきかくめい》〉つまり錦《にしき》の御旗《みはた》を掲げる形での社会主義を主張する人というのは右翼陣営にたくさんいました。例えば〈君民共治論〉というのもあった。臣民という言葉は聞いたことがあるでしょう。君と臣と民がどう違うかというと、君はもちろん王様、天皇ですね。民というのは税金を払う人たちです。臣は、王からカネをもらっている人たち。要するに官僚、公務員です。君民共治論は、君と民の間に臣が入って、君と民とを妨げている、官僚こそ悪の根源であり、民が天皇と直接結びつくようにすれば、大御心《おおみこころ》が反映された素晴らしき社会ができると考えたものです。こういう右翼社会主義がけっこう根強かったのです。だから、社会主義はタブーではありませんでした。ただ一点、〈皇統〉すなわち天皇を打倒するという点がタブーだったのです。

整理しますと、共産党＝講座派は、まず天皇を打倒して、いったん三井や三菱の天下を作るという考えです。まず資本家の世界を作って、その資本家の世界がある程度発展したら、やがて社会主義革命を起こすというわけです。労農派は、すでに三井、三菱など財閥に権力があるのだから、この財閥を打倒すればよいのだ、とした。

こういう考え方の違いがあるところへ、一九三〇年代になって、国家と資本の機能が変わってきたんです。国家と資本が一体化して、ある意味では資本にとっては損な部分が出てきた。例えば社会福祉にも目を向けないといけないとなってきた。ロシア革命のせいですね。放ったらかしておくと、社会主義革命が起きて、ソ連のような国になってしまう。そうなるよりはと、終身雇用制を維持したり、会社の中の保険制度を充実させたり、会社の年金制度を作ったり、あるいは国家が各企業に拠出させて厚生年金みたいなものを作ったりする。同時に、労働組合の幹部を買収していく。そうやって、労働者のガス抜きをしながら、だんだん日本はファッショ化していったのです。

だから今、つまり一九三〇年代の今、何より重要なことはファシズムの到来を阻止するために、ありとあらゆる人と手を組んで、軍人や官僚や財閥と戦う反ファッショの共（協）同戦線を作らなくてはいけない、そう考えたのが労農派でした。

一方、講座派はこう考えます。「日本はまだ遅れた資本主義国だ。ファシズムというのは、帝国主義段階に資本主義が発達した国家が財閥と結びついて起きるものだ。資本主義のレベルが低い日本がファシズムになるはずはない。労農派は、存在しないファシズムの幽霊を使って、本当にやらないといけない天皇制打倒という課題から労働者を逸《そ》らす裏切り者だ」と。そして「労農派が労働者をだます社会ファシストである以上、まずやつら社会ファシストを打倒せよ」というスローガンを掲げた。これが内ゲバの論理のスタートですよ。

ところがモスクワのコミンテルンが、ヨーロッパでスペイン内戦が起きたので、反ファッショ統一戦線を唱え出した。そこで共産党も「やっぱり日本はファシズムだ。反ファッショ統一戦線が必要だ」と言い始めることになります。しかし時すでに遅しで、治安維持法によって、まず一九三六年に共産党系の講座派がコム・アカデミー事件で捕まり、その翌年には労農派系の人たちが人民戦線事件で捕まります。この弾圧で日本のマルクス主義者たちは、論壇やアカデミズムにいなくなってしまいました。

転向者たちと日本特殊論

捕まった講座派からは転向者がたくさん出ました。きびしい拷問《ごうもん》のせいでもないし、彼らが卑怯《ひきょう》だったわけでもありません。共産党の人たちは生真面目《きまじめ》だから、獄中で考え続けたわけです。拷問されたから転向するなんていうのは、下っ端《したっぱ》のやつですよ。というか、人間って、殴る・蹴《け》るでは思想をなかなか変えやしないのです。恐怖や痛みで、ものの考え方の根本が変わるということはあまりない。佐野学《まなぶ》とか鍋山貞親《なべやまさだちか》といった共産党の指導者が転んだのは、「俺たちはモスクワの言うことを聞いて、右へ左へと発想を変えていった。これで本当に日本の労働者のことを幸せにできるのだろうか、本当に革命はできるのだろうか？」――そう考えたからなんです。そして、思想犯を扱う検事たちがまた優秀で、「いろんな本を読んで考えてみたらいいよ」と彼らに言った。「あなたたちの理想は、今までのやり方で実現できるのかな？　あなたたちは頭がいいよね。そして真面目に考えているから、いろんなことをよくわかっているよね」。拷問とか、そんなやり方ではないんですね。「よく考えてみなよ」と。

そうして、佐野や鍋山は転向しました。「日本の特殊な型の中にいて、天皇のもとにおいて、その上で資本家の横暴を抑える革命はできるはずだ」と、一国社会主義運動を唱え始めるのです。彼らがそんな文章を書いたら、特高警察は獄中の共産党員に読ませるわけですよ。すると、大勢が「そのとおりだ」ところころっと転向していっちゃった。

「日本の特殊な型の中」という、この「型」というのを重く見るのが、実は講座派の特徴なんです。戦後も、この講座派的な思考は続きました。丸山眞男《まるやままさお》もそうですし、大塚久雄《おおつかひさお》もそうです。あるいは、一見関係なさそうな〈日本型経営論〉とか、すぐ〈日本的な何々〉を持ち出すのも講座派の延長線上にあると考えていい。

かたや労農派の方も変わらないというか、転ばなかった彼らは戦後においても転向しないのです。学者が多かったから、例えば映画評論を書いたりして、食べる手段があったということもあるんですけどね。戦後の労農派は、一つは社会党に影響を与えました。もう一つ、新左翼の、いわゆる過激派も労農派マルクス主義の出なのです。その人たちの考え方は、基本的に「アメリカも帝国主義国だけど、日本も十分に自立した帝国主義国だ」というものです。一九六一年の日本共産党綱領は、戦後の日本について、アメリカ帝国主義によって半従属下にある、アメリカの巨大な影にあって、何も言えない状態だとしています。この共産党の考え方では、日本の資本主義や帝国主義の責任を免責することになってしまう。労農派の末裔《まつえい》たちは、そう批判しました。

図式的に言えば、日本特殊論を唱えている人たちは、本人が自覚しているかどうかは別として、一九三〇年代以来の講座派の枠内で考えているわけです。日本の知識人の中で講座派のフレームを使っているのは九割、もっと多いかもしれない、九割五分ぐらい占めているかもしれません。日本人にとって、非常に居心地がいい思考のフレームになっているんですね。

それに対して、グローバリゼーションの理論を唱えているような人たち、新自由主義的なことを主張して実践している人たち、TPP加盟に賛成している人たちのフレームは労農派的です。あるいは、一筋縄ではいかない形を取っていますが、柄谷行人さんの『世界共和国へ』なんて本も労農派の流れだというのが、私の見立てであります。

さて、時間をちょっと超過しましたけれども、今日は総論的な話をしました。次回から『資本論』の第一巻に入ります。必要な部分に関してはプリントを配りますけれども、理解をより深めるため、第一巻にあたる部分、岩波文庫の最初の三冊、大月書店版だったら最初の二冊を持ってきていただいた方がいいかもしれません。どの版でもいいですよ。青木書店から長谷部《はせべ》文雄《ふみお》という人が訳した『資本論』も出ています。この青木書店版で買うと古本屋で全五冊三万円くらいしますが、河出書房から出ている「世界の大思想」シリーズの『資本論』は全巻揃《そろ》いで千円で買えるでしょう。中身はまったく同じ翻訳です。中央公論の「世界の名著」の鈴木鴻一郎《こういちろう》さんの『資本論』(抄訳)もいい訳です。新日本出版社から新書版の『資本論』も出ています。これは共産党に都合のいい翻訳をしているところがあるので、ちょいと問題がありますが、まあ、それが趣味だとか（会場笑）、あるいは古本屋でたまたま安く手に入ったというなら、それでも結構です。

じゃあ、今日の話はここまでにしますので、もう時間を過ぎていますから帰っていただいていいですし、質問がある方はおっしゃって下さい。

〈質疑応答〉

受講生B　モスクワで赤いマルボロが貨幣の代わりになっていたというお話が興味深かったのですが、最終的にどうなったのでしょうか？　自宅にマルボロが大量に余った人とか出たのでしょうか？

佐藤　最終的には、ドルが事実上解禁されて、マルボロは一般的等価物ではなくなりました。マルボロが一般的等価物たりえたのは、比較的入手しやすく、かつ偽造しにくかったからです。いくらソ連末期でも、給料がマルボロで出ていたわけではありませんからね（会場笑）。賃金をルーブルで渡されると、すぐにみんな闇市《やみいち》へ行ってマルボロと交換したのです。マルボロを大量に抱え込んだ人はいません。賃金って、そんなに残らないでしょう？　それと同じで、マルボロはいわばフローであってストックではないんです。マルボロをストックできるくらい裕福な人は、マルボロでなく金（ゴールド）を買っていたでしょう（会場笑）。

受講生C　講座の初めに、ポストモダンについて触れられました。私はポストモダンに興味があって勉強したいのですが、フランス現代思想的な人が書いている本と、フランス現代思想とあまり関係ない人の本でよいものがあったら、ご教示下さい。

佐藤　フランスポストモダン系の勉強をされたいのでしたら、講談社から『現代思想の冒険者たち』という、デリダとかフーコーとか一巻ずつ出ているシリーズがあります。一冊でその思想家の全体的な解説をしていて、便利だと思いますね。

ポストモダンの包括的な概説として私が優れているなと思うのは、仲正昌樹《なかまさまさき》さんの『ポスト・モダンの左旋回』。それからドイツ人がポストモダンを扱ったものとしては、岩波書店から出たユルゲン・ハーバマスの二巻本『近代の哲学的ディスクルス』があります。これを読んでおかれると、ポストモダンに対するドイツ系思想からの反応というのがわかります。

ポストモダンもぜひやられた方がいいと思います。その時はせっかくですから、〈近代とは何か〉という、より根源的な問題にも取り組んでほしいんですね。近代とは何かという問題に取り組むのにいちばんいい本は、すごく難しいのだけれども、カール・バルトという神学者が書いた『ローマ書講解』。『新約聖書』の「ローマの信徒への手紙」を解説したものですが、第一次世界大戦のインパクトを全身で受けとめたバルトが書いたこの本によって、ヨーロッパの近代神学がガラリと変わりました。近代を完成させた書、と言っていいと私は思っています。翻訳は平凡社ライブラリーから二巻本で出ています。これについて比較的わかりやすい言葉で日本人が解説した、非常にいい本があります。関東学院大学の富岡幸一郎先生の『使徒的人間――カール・バルト』。講談社文芸文庫に入った時、私が解説を書きました。

ただポストモダンというのは、勉強をしてハシゴを上がると、二階からそのハシゴを外してしまう、というところがある。基礎的な部分であるハシゴを外すことが、彼らにとっては重要なわけです。ポストモダン以前は、資本主義とか社会主義とか、大きな物語がありました。しかしポストモダンは、社会主義がそんなに素晴らしいものなのかと疑って、小さな差異を見ていくことで大きな物語を批判する。これは大きな物語がまだ生きているうちは有効性がありました。

ところが、社会主義をはじめ、大きな物語がどんどんなくなってしまった。そうしたらドゥルーズとかデリダとかフーコーを誰がいちばん熱心に読んでいると思います？　電通と博報堂などの宣伝屋さんたちですよ。のっぺりした世界からいかに小さな差異を見出して、そこに価値を創り出していくか。彼らには職業上、そんな実用性があったわけですね。大きな物語がなくなった後のポストモダンというのは、新自由主義の中に漂流しちゃった観があります。

それともう一つの問題は、人間はどうしても物語を作ってしまう動物なんです。そうすると、大きな物語が欠けたところに、到底これまでは見向きもされなかったような稚拙《ちせつ》な物語が入ってくるのです。すると、これまで知的な訓練を受けてきた読者には洟《はな》も引っかけてもらえなかったような稚拙な物語が、あたかも大きな物語として我が物顔で振舞うようになっちゃう。いろいろ思いあたりませんか？　これは危険ですよ。

非常に反時代的なことを言うようですが、時代はぐるぐる回りますので、教養主義的なものを意外と大切にした方がいいと思います。ただ、ポストモダン的なものの洗礼を受けない形での教養主義には説得力が全然ないかもしれない。ですから、あなたがポストモダンを勉強しようというのは意味のあることではないでしょうか。

受講生C　ありがとうございます。

受講生D　フロイトは古典のうちに入るでしょうか？

佐藤　入ります。フロイトがなぜ重要かというと、先ほどユダヤ教のタルムードの話をしましたが、タルムードは〈表のユダヤ教〉なんです。もう一つ別に〈裏のユダヤ教〉があるんです。それがカバラ思想です。合理的に人間が物事を考えていると、そのぶん非合理な世界ができてきて、どこかで調整をつけないといけなくなる、というのがカバラ思想です。そのカバラの考え方の下に埋もれている部分を「深層心理」と名づけて説明したのが、フロイトやユングでした。

カバラ思想との関係においては、フロイトの『精神分析入門』も『夢判断』もいいでしょう。しかし、むしろカール・ユングの『心理学と錬金術』が非常にいい。それから概説書としては、河合隼雄《かわいはやお》さんと共に夢の臨床家として日本で第一世代のユング紹介者で、同志社大学神学部の名誉教授だった樋口和彦《ひぐちかずひこ》さんの『ユング心理学の世界』。今だったらネットの古本屋で五〇〇円ぐらいかなと思いますが、明日になってこの教室の中の三人が買いますと、四、五〇〇〇円になります（会場笑）。これを読むと、今言ったような話が腑《ふ》に落ちると思います。

それから、もし東洋思想とつなげて、フロイトやユングあるいは心理学を知ろうとするならば、法相宗《ほっそうしゅう》の本を読むといいです。法相宗というのは、薬師寺とか興福寺ですね。特に今の興福寺貫首《かんじゅ》の多川俊映《たがわしゅんえい》さんという人は、立命館大学でソビエト心理学を研究していました。法相宗が大切にするのは「唯識」という無意識を重んじた考え方です。この唯識の伝統が日本にあるから、すごく心理学の裾野《すその》が広がりました。唯識に関する本も自分の古典に据えるには非常にいい。フロイトだけを読むと、すべてをセックスに還元しちゃうので、話が面白すぎるんですよね（会場笑）。いや、フロイトも立派な古典ですよ。

じゃあ、次回の課題を出しておきましょうか。ぜひ辞書などで調べながらレポートを書いて下さい。一つは、『労働力商品化』とはどういう意味か」。これは予習になっています。それから二点目は今日の復習、「日本資本主義論争について簡潔にまとめよ」。両方に答えてもらっても構いません。字数の目安は、短い分にはいくら短くてもいい。マキシマムで一〇〇〇字。だいたいの事柄は一〇〇〇字あればまとめられるはずです。

この一〇〇〇字というのが何の基準かと言いますと、内閣総理大臣に官僚がブリーフィングする時のペーパーが一項目についてだいたい一〇〇〇字なのです。一枚の紙に全部まとめて書かないといけない。ですから、たいていの重要なことは一〇〇〇字程度にまとめられるはずです。講座専用のアドレスまでメールで送って下さい。

講義への質問や、講義に関係ないことでもいい。あちこちに話が飛びましたが、一回でも言及したことは講座が触れていることですから、どうぞ遠慮なく質問して下さい。ただし、一問一答で答えられるように、質問がいくつかあるときには必ずネタ分けして下さいね。それから、中にはご自分の意見陳述をされる方もいますが（会場笑）、それはそれでお受けしますので、レポートとか質問とかに意見を書かないで、意見陳述は別途、コメントとして送って下さい。

2 どうせ他人が食べるもの

労働力商品の価値

皆さんからレポートの答案を多数いただいて、すべてに点数をつけました。これから、ざっと講評していきますね。きちんとこの講座を聞いて内容を把握し、質問に適切な答えをしている人たちには、満点か八〇点以上をつけています。大学での〈優〉に相当するものです。

ただ、例えば「労働力商品の交換価値は、食糧や住居、被服など、労働者が生活を維持し、明日また労働力を販売できる環境を整えるのに必要な費用。属する社会の経済・文化に応じて決定される」という答案には、「経済・文化」の箇所に私が赤ペンで「どういう意味？」とメモを入れています。これは間違えているということではありません。『資本論』には、たしかに「経済・文化の水準によって決まる」と書かれているんです。アイルランドは文化水準が低くて、ジャガイモを食べている、だから労働者の賃金はジャガイモをベースに考える。対してイングランドは文化水準が高いので、パンを食べる。パンを水準に考えるから賃金が高いのだ、と。『資本論』にはそう書いてありますし、共産党正統派なり往年の社会党左派の論理だとそう読みます。

ところが、われわれがベースにする宇野学派の考え方だと、それはおかしいんじゃないか、となる。アイルランドの賃金が安いのは、文化水準の違いではなく、生産力がまだ低いからではないのか。イングランドの賃金が高いのは生産力が十分高いからではないか。例えば、フィリピンではエアコンが十分に普及していない。それは、フィリピンが韓国と比べて文化水準が低いからエアコンが十分普及していないのか？

フィリピンだって経済水準が上がってきたら、みんなエアコンを使うんじゃないか。そう考える方が経済学的に合理的でしょう。そんな論点につながり得るから、赤い印をつけたわけですね。

それから、八〇点をつけたけれども、例えば参考書類、辞書類、ネットなどから適宜抜き出している方がいます。この方は、抜き出しているところは正しい。例えば「日本資本主義論争の前に、山川均と福本和夫の論争があった。山川均の主張は、革命意識を持った若者が大衆を前進させて、無産階級政治運動に戦線を拡大すること。福本和夫の主張は、無産階級を理論的闘争によって、大衆化する前に分離、結合する必要がある。福本理論は日本共産党の指導理論となるが、二七年テーゼでコミンテルンに批判される」云々《うんぬん》。これはその通りなんですが、今回の質問に対してここまで話を広げる必要はないし、本当に書いていることの内容をわかっているだろうかということも気になります。ですので、「引用のつなぎ合わせではなく、自分の言葉で書けるよう努めるように」とコメントをつけました。

労働力商品化については、予習になると言いましたね。そこで参考書を写したりネットをコピペするのも構いません。ただし、押さえないといけないポイントというものがあります。マルクスによれば、人間が働く能力は本来、商品にされるものではなかったのに、それが商品にされてしまった。その労働力商品の価値、つまり資本家によって労働者に支払われる賃金には三つの要素があります。一番目は、衣食住と娯楽の費用。モノを食べて、家を借りて、服を着て、気分転換にちょっとしたレジャーをしてエネルギーを蓄え、次の一ヶ月も働けるようにする。二番目は次代の労働者の再生産をする費用。結婚し、子どもを持って、育てていく、家族を養っていく。これができないと労働者階級の再生産はできません。三番目は、技術革新についていくため、労働者自身が教育を必要とする、そのための学習費用。

労働力商品化のこの三つのポイントは、標準的なマルクス経済学もしくは『資本論』の参考書のどれにも出ていることです。労働力商品化について問われたら、そこは外さないでほしい。そこに触れていないレポートには、ほかのところがいくらよく書けていても、ギリギリの合格点である五〇点しかつけていません。「労働力商品の価値はどのようにして規定されるか?」とコメントをつけてあります。できればさらに、この三つのポイントが今やどんどんなし崩しになって、賃金が削られていることまで触れられていたら、もっといいですね。ちょっとしたレジャー費など払えない、自分の教育は自分の金でやれ、住宅手当もなくす、今の日本の資本家はそうなっていますよね。いや、今の日本に限らず、そもそも資本家は搾取《さくしゅ》率を強化するものなのです。搾取自体は不正なことではなく、労働者はイヤであれば契約しなければいいのだから、搾取は収奪ではありません。搾取は、資本家と労働者の合意の上に成り立っていて、階級がシステムの中に埋め込まれている。土地に縛りつけられた小作人がコメを一〇〇石作ったら、地主が「出さないと殺すぞ」と六〇石取っていく、これが収奪です。この点は後でまた細かく述べることにしましょう。

労働力商品化にはもう一点、書き漏らしてほしくないポイントがあります。誰が労働力を売るのか？　一八世紀末から一九世紀にかけて、土地に縛りつけられておらず、身分としては奴隷《どれい》ではなくて自由で、かつ自活のための道具や機械や原材料などの生産手段を一切持たない、つまり生産手段からも自由な、「二重の自由」を持った労働者が発生したのです。資本家は彼らの労働力を商品として購入することで、生産過程を獲得し、産業資本となって社会全体へ浸透していったのです。資本主義が成立するために労働力商品化は欠かせない要素です。ここもいずれ詳しく触れることにします。

論文に起承転結は不要

それから、何を言いたいか意味がまったくわからない答案もありました。言いたいことはあるのでしょう。ただ、自分の言いたいことって、論理にしないと他者には通じないわけです。言いたいことがあるのに文章にしても通じないとなると、フラストレーションが溜《た》まりますよね。これは論理的な文章の書き方を身につけることで解決するしかありません。

解決法の一つとして、本を挙げておきます。筑波大学の先生だった澤田昭夫さん

――お父さんが澤田節蔵《せつぞう》さんという有名な外交官――の『論文の書き方』。一九七七年、講談社学術文庫が創刊された翌年に出て、いまだに書店の棚に置かれている名著です。この人はいろんな団体の活動にも名前を連ねている、反共系の人ですけれども、そういう本人の政治的な立場は別にして、論文やレポートの書き方についての大変に優れた本です。

比較的若い世代の人たちは、この種のマニュアル本として、東京大学教養学部の先生たちが書いてベストセラーになった『知の技法』を使うことが多いですね。『知の技法』『知の論理』『知のモラル』の三部作ですが、最も技術的に優れているのは『知の技法』です。『知の技法』が普及する前は、だいたい『論文の書き方』を使っていましたし、ポストモダン的な『知の技法』よりも、こちらのほうがしっかりしている。日本的なコンテキストもよく押さえています。

『論文の書き方』のはしがきを読んでみましょうか。

「論文が書けず、研究のしかたも知らない学生がますます多くなってきた。こういう印象を強くもつようになったのが、この本を書こうと思いたった動機です。大学でも論文の書き方や研究方法についての指導はほとんどなされていないのだから、これは無理もないことかもしれません。私自身、日本の大学を出てアメリカ、コーネル大学の大学院に行って初めて、論文の書きかた、研究のしかたを学んだ次第です。学んだといっても、アメリカの大学院は、そんなことは当然知っているものと前提しているから、誰も教えてくれたわけではなく、見よう見まねで学んだわけです。

ですから、論文が書けない、研究方法を知らないというのは、なにも学生に限らず学者自身のことでもあるらしいのは当然でしょう。私の家内が外人であるため、日本人の若い研究者が、外国語で書いた論文を直してほしいともってこられることがあります。ところが、文法的にさほどまちがっているわけではないのに、直しようがないという場合がたびたびあります。なぜかというと、英語でいうopen-ended discussionになっているからです。つまり、いろいろのアイディアが並んでいるが、たこの足のように東西南北に広がっていて、結局どこへ行こうとしているのか、なにを主張し、なにを論証しようとしているのかわからないからです」

という書き出しで、中学二年生ぐらいの国語力があれば読める作りになっています。丁寧に読みさえすれば、みなさんの文章力や本の読み方は確実に向上しますよ。私も目が開かれた部分があるんです。例えば、この本の一〇四ページ。

「『論文の書き方』と称する無数のハウ・トゥーものの中には、きれいで、わかりやすい文章を書くようにとすすめる文章作法論が多いのですが、構造についてふれたものは少ない。そしてたまに構造にふれているものがあると思ってよく見ると、『「起承転結」の法を用いよ』とあるのに気がつきます。『起承転結』というのは『書き出し→その続き→別のテーマ→もとのテーマ』という漢詩の構成法で、それを使って論文を書けば、レゲット氏のいう、何が幹線なのかよくわからないものが出来上ります。具体例で考えて見ましょう。『この川べりで昔AがBと別れた』→『Bは悲壮な気持だったろう』→『昔の人はもういない』→『この川の水は今も冷たい』。これが起承転結の典型ですが、この論法で論文を書くと序章『天皇制は問題である』→第一章『天皇制についてはいろいろの見方がある』→第二章『イギリスの王制はエグバートから始まる』→終章『天皇制はむずかしい』と、こんなふうになるでしょう。起承転結は、詩文の法則としては立派に役を果す原則でしょうが、これを論文に応用してもらっては困ります」

文芸ならいざしらず、論文に起承転結は不要である、というわけです。私も『人に強くなる極意』の中で、頼山陽《らいさんよう》の俗謡を例に説明しました。「京都三条糸屋の娘」、「上が一六、下が一四」、そして「諸国大名は弓矢で殺す」、「女二人は目で殺す」。これが起承転結のいい例なのですが、転の「諸国大名は弓矢で殺す」は論文やレポートには不要です。京都の糸屋には娘が二人いて、一六歳と一四歳、彼女たちは魅力的な視線でお客さんを誘惑している。これでいいのです。

さらに『論文の書き方』には、こんな指摘もあります。例えば、ワーテルローの戦いについて論文を書こうとする時、

「『ナポレオン軍の兵士が必死に戦った動機は何か』、『プロシアの将軍がくるまで英国、スコットランドの兵士が頑張り抜いた動機は何か』、『ナポレオンの意図、英国のウェリントン将軍の意図は何だったか』、そういう問いもでてくるはずです。

この戦闘の意義を評価するには、『もしナポレオンが勝っていたらどういうことになっただろうか』という問いも考えてみなければならないでしょう。こういう問いに答えるには、動機や意図についての問いに答える場合と同様に、想像や洞察が必要になりますが、大切なのはそういう想像や洞察があくまで資料に即したものであること、気まぐれのあてずっぽうでないことです」

ほかにもたくさん参考になる箇所がある本ですよ。

型となる本を少々

せっかくの機会ですから、もう少しだけ、みなさんの答案について感じたことを話しましょう。

哲学でも神学でも、あるいは経済学でも、「型破りの見解」とか「独創的な論文」という言葉は悪い意味で使われます。われわれにまず必要なのは〈型〉を覚えることなのです。型破りというのは、まずは型を覚えて、それからその型を崩していく行為です。最初から独自主張をしていく、最初から独自説を唱えていくというのは、これはもう、ただのでたらめです。型を押さえていないと、何の説得力もない。

その型に関して問題がある答案には、「経済原論を読むこと」というコメントを入れました。要するに「型となる本を読んで下さい」って意味ですね。

経済原論の本はいろいろあります。私は党派的にどれを読めとは言いません。マルクス経済学系の経済原論ならば、どれでもいいのです。ただし近代経済学系の経済原論だと、〈商品〉にしても、〈貨幣〉にしても、〈資本〉にしてもカテゴリーがまったく違うので、この講座の役には立ちません。ドイツ語の教室に通うのに朝鮮語の文法書を買ってきても役に立たない、みたいなものです。マルクス経済学の中には宇野学派と、正統派、折衷派、あるいは正統派の中にも共産党系や社会党左派の社会主義協会（労農派）系などいろいろありますが、その違いは茶の湯でいえば裏千家、表千家、武者小路千家の違いぐらいのものです。現実に茶の湯の流派は、共同で茶会ができますよね。その程度の差でしかありません。

ただ一般論として、大学の講義でもいろんな講座でも、講師の考え方と近いものを教科書に選んだ方が覚えるのは早い。しかし、これは必ず守らなければいけないルールではありません。佐藤は宇野学派をベースに講座をやるらしいが、あえて自分は正統派の教科書でやってみたい。そんな教科書を読みながら、「あれ？　佐藤の言っていることと、ここが違うけど、どうなんだろう」と考えて、課題のレポートで毎回私に突っかかってくる、そんなやり方も大歓迎です。考えが違うゆえに拒否するとか、悪い点数をつけるとか、そういったことは絶対にしません。

ではそういう前提で、いくつか経済原論的な教科書のお勧めを挙げておきましょう。まず、岩波書店から出ている宇野弘蔵の『経済原論』（岩波全書版）。私がいろんな議論をする時のベースになっている本ですが、実をいうと極めて難しい。短すぎる故《ゆえ》に難しいのです。説明を端折《はしょ》っているところがある。宇野独特の文体のせいもある。これを勉強されたい方は、カナダで関根友彦さんによるすぐれた英訳が出ておりますので、そちらの方が日本語で読むよりもよくわかるかもしれません。

それから、私自身がこの講座の準備等で使っているのが、埼玉大学名誉教授の鎌倉孝夫さんの『資本主義の経済理論——法則と発展の原理論』（有斐閣）。マルクス経済学系のものでは比較的新しく、一九九六年の刊行。これは非常にお勧めです。

ただし、この本には鎌倉さん独自の説があり、私が同意できる部分もあれば、同意できない部分もあります。例えば労働力商品化について、鎌倉さんはこれを最終的には実現できないと考えている。人間はモノではないのだから、労働力の商品化は理念としてはともかく実現はできない。労働力の商品化を進めていこうとすると、最終的には二四時間、人間を働かせる方向になって、労働者はみんな死んでしまうだろう。そうすると労働力の商品化を進める中で必ず反発が生じ、労働者の反乱が起きてくる。鎌倉さんはそんなふうに、資本主義体制の内部にいる労働者の中から変化が生じてくるという考え方を取っています。比較的、アナルコ・サンディカリズム（無政府組合主義）に近い考え方ですね。

それから、鎌倉さんの社会倫理的な構成は、北朝鮮のチュチェ思想に近い。自主的な立場によって人間を変革するのだというものです。また思想史的に見ると、ヘーゲル左派、フォイエルバッハなどの流れです。

私は違う考え方をしています。労働力商品化は完全には実現できないけれども、人間は資本主義システムの中に巻き込まれてしまい、労働者の中から、あるいは労働組合の中から世の中を変えようという動きなんて出てこない、と思っています。では、世の中を変える動きはどこから出てくるのかと言うと、ある日突然、神様が現れてくるとか、あるいは労働者などではなく、外部から、とてつもないことを思いつく人が現れて、「お、この考え方だったら面白いや」とみんなが飛びつくような、すごい影響を与えるのではないか。変革は必ず外部から出てくるのだろう、と私は考えているのです。このへんは、私と鎌倉さんとの経済哲学的な違いですね。もっと言えば、私は千年王国を待ち望んでいるのかもしれません。

先走ったことまで言いました。推薦本に戻りますね。標準的な見解を押さえるには、一人で書いたものではない経済原論を選んだ方がいいでしょう。世界書院から——今残っている世界書院はもう全然違う出版社になっていますが——出ていた『経済原論』は、二つあります。一つは、私が外交官試験の準備で使ったものです。でも気をつけて下さいね。今回使うのは別の本です。初版が一九七九年で、桜井毅《つよし》、山口重克《しげかつ》その他の方たちが書いた方です。繰り返しますが、世界書院からは近代経済学の『経済原論』も出ていますが、こちらを買ってもこの講義ではまったく使いものになりません。

執筆の桜井毅さんたちはみんな、宇野学派です。宇野さんの『経済原論』を教科書にして講義をしていても、学生たちによく理解できない箇所がたくさんある。それをわかりやすく説明し、意見がいろいろ違うものに関しては、自分の意見に固執しないで宇野学派の中の標準的なところを記しておく、という教育的な配慮がなされた良書です。それから、「研究」という項目もあって、どんな論争があったのか、きちんとまとめてあります。今でもこの本をベースにして、標準的な大学の修士論文ぐらいは書けると思います。ただし、決して難しくはありません。

宇野学派でない本も挙げておきましょう。富塚良三さんの『経済原論――資本主義経済の構造と動態』（有斐閣）。中央大学の先生だった人です。正統派共産党系のマルクス主義経済学の流れの本ですから、私の説明とはかなり違いがありますが、知的には非常に誠実で、彼らなりの解釈できちんと書かれたものなのでお勧めしておきます。

それから、共産党はやはり政治団体ですから、わかりやすい本をたくさん出しています。特に日本資本主義論争についてや、戦前の日本社会、現在の日本社会の分析に関しては、不破哲三さんの『新・日本共産党綱領を読む』（新日本出版社）を読むと、講座派・正統派系の歴史認識がよくわかります。ただ『資本論』の研究、あるいは『資本論』の論理がベースになっている箇所は、私の見るところ一ヶ所もありません。『資本論』を読むと共産党を支持しにくくなるというのが、マルクス主義の最大のジレンマですね。でも、昔の共産党の人はマルクスを読んでいるふりくらいはしたのですが、この前（二〇一三年）の参議院選挙で初当選した吉良《きら》佳子《よしこ》さん――このあいだ、週刊新潮にどこかの駅で恋人とキスしているのを撮られた人――がインタビューに答えて、「当選してから『共産党宣言』を読み始めました」と言っていたので、共産党も最近はあまりイデオロギー的に縛られていないんだなあと感心しましたけど（会場笑）。

人生を楽にするために

急に話が変わりますが、私はどうしてテレビに出ないのか？　それはまず、テレビは横に広がって映りますからね、私が出てきたら体重一六〇キロぐらいの雰囲気になるのは間違いない（会場笑）。視聴者のみなさんの美的感覚の迷惑だし、食事時などに極端に太ったやつが出てくるのもよくない。それと個人的理由として、二〇〇二年の鈴木宗男バッシングの時だけで一生分出ましたから、もうテレビに出るのは飽和量に達しているという思いもあります。

ただ何よりも重要なのは、テレビのコメントの持ち時間ってだいたい一五秒なんです。田原総一朗さんの番組だけは特別に長い時間をあててくれるけれども、それでもマキシマム四〇秒。それに対してラジオは最低一〇分は話せます。「この人はしゃべりがきちんとできるな」と思われると、三〇分もらえる。私には一五秒で何かを説明する能力はないのです。四〇秒でもできない。ただ、三〇分なら説明できる。だから私は三〇分以上話をすることができるラジオ番組へ選択的に出ています。

この『資本論』の講座は、一回一時間半で六回やる。そんなに時間があるならば何でも説明できるだろうと言われるかもしれませんが、相手は『資本論』ですし、みなさん受講生のばらつきもあります。レポートを見る限り、目的も知識も結構ばらばらですね。『資本論』自体に関心があるのではなくて、人生でちょっとした自分の問題を抱えていて、それをこの講座を聞いたり、質問したりすることで解決したい、そんな人もいる。これはオープンな講座ですから、それでまったく構いません。

そこで重要なのは、われわれが資本主義社会に生きているという現実です。高い受講費を払って、佐藤の言っていることがさっぱりわからない、宇宙人の言葉を聞きに来ているみたいだ、となってしまっては意味がない。かといって、護送船団方式で全員に合わせるというのは、『資本論』講座ということから外れてしまう。けれども〈漆塗《うるしぬ》り方式〉で、つまり前回言ったことを今回もまた触れる、何度もしゃべるというやり方で、注意深く聞いていさえすれば八割の人は絶対についてこられる講義をしようと思います。漆塗りって、地塗りから上塗り、溜《ため》塗りまで何度も何度も丁寧に塗り重ねていくんですよね。あのやり方を真似《まね》します。そのために、『資本論』全三巻をじっくり腰を据えて読んでいくスタイルではなく、『資本論』の中にいくつかあるポイントをつかみ取り、いわば山脈を山の頂きから次の頂きへとヘリコプターで渡っていくような方法で全三巻の説明をしていきたいと思います。

今やっていることは緒論です。『資本論』全体の様子を最初にガバッと大づかみにしてしまおうとしています。そして講義の進め方としては、漆塗りの要領で、前に述べた点を振り返りながら理解を深めるようにしていきます。

われわれの目的は、『資本論』の内在的論理をつかむことです。例えばレポートの中に、「実は夫から」と悩みを書いているものがありました。「労働力商品化などについて調べていたら、社会主義とか変な洗脳をされるのではないかと言われました」と。心配することはありません。『資本論』の内在的論理をつかんでも、洗脳は全くされませんし、社会主義とは繋《つな》がりません。そして、イデオロギー的な偏見さえなければ、資本家が読んでも、労働者が読んでも、農民が読んでも、誰が読んでも、『資本論』の論理は同じ形で捉《とら》えることができるのです。

そしてこの講座では、人生で得をするために、あるいは人生を楽にするために『資本論』を読みます。資本主義のからくりってどういうふうになっているのか、いくつかのポイントを理解することによって、人生における使い道がいろいろ出てくる。例えばあなたが非正規の労働者であるのなら、それが自分の能力の問題ではなくて、社会の構造から来ていると理解できれば、新しいステップへと繋げられるのではないか。あるいは今、一部上場企業のサラリーマンでも、五七歳が一つの境ですよね。それまでに副社長以上に行くことが決まっていない場合には、そのまま専務や常務にとどまることも難しい。資本主義社会は、競争の中に入ってしまうと、基本的に一人しか満足できない仕組みになっているんです。官僚の世界が端的にそうですよ。外務省へ入っても、事務次官になれた者しか、「ああ、外務省へ入ってよかった」と本心からは思えない。事務次官を一人が二年から三年やるとしたら、キャリアは毎年二五人入りますから、五〇人から七五人のうち一人しか本当には楽しくないわけです。競争の場に入るとは、そういうことなのです。資本主義社会では、そんなケースばかりですよ。『資本論』を読んでいけば、「そうか、そうなっているんだ」と状況に巻き込まれずに客観視できるようになる。自分の置かれた立場を、距離と余裕をもって見ることができるようになります。

また、われわれが作りだしている労働力。実は「労働力商品化」というのは、すごくインチキくさい言葉なんです。〈労働〉ではなく、〈労働力〉という概念になった瞬間に、必ず〈商品〉になっている。労働力というのは、人類のすべての時代にあったわけではない。この説明も私の手には余ります。本当に重要なことは証明できません。「そうだから、そうなんだ」という同語反復、トートロジーに必ずなるんです。そんな変なことも、『資本論』を通じてわれわれは勉強していきたいのです。

ミスプリントの物語

では、『資本論』第一巻の冒頭、序文の冒頭ですね、そこから読んでみましょう。

「この著作は、一八五九年に公《おおや》けにした私の著書『経済学批判』の続きであって、私はここにその第一巻を読者に提供する。初めに出したものとこの続篇との間には永い中絶を余儀なくされたが、これは私の永年にわたる病気が、私の仕事をいくたびか中断させたからである。

右の旧著の内容は、この第一巻の第一章に要約されている。この要約は、関連を明らかにし遺漏のないことを期すだけのためにしたわけではない。叙述が改善されたのである。事情が許すかぎりは、以前にただ示唆《しさ》しただけに終わっている多くの点が、ここではくわしく述べられている。他方、逆に旧著で詳細に述べたところが、この著ではわずかに示唆だけにとどまっているばあいもある。価値理論と貨幣理論の歴史にかんする諸節は、新著ではもちろん全部除いた。しかし、旧著の読者は、第一章の注で、これらの理論の歴史にたいする新たな資料が提供されているのを見られるであろう」

一八五九年にマルクスは『経済学批判』という本を刊行しました。構想では、これを第一部として、全六部からなる大著を数年で書き終えるつもりだったのです。ところが、その続篇『資本論』の第一巻が出たのは六七年ですから、八年もボヤボヤしていたわけですね。挙句の果てに、彼の手で完成できたのはこの第一巻まででした。どうしてかと言うと、マルクスはいちばん最初の価値論のところで行ったり来たりして、何度も何度も書き直していたからなんです。

そのうえ、現代ならば『資本論』は盗作だというので訴えられるでしょう。訴える人は誰か？　デヴィッド・リカードです。リカードはイギリスの古典経済学を集大成した人で、その思想はＴＰＰで今も生きています。「比較優位で各国が自分の得意分野で勝負すればいいんだ。自由貿易をすれば、全《すべ》ての人にとって得になるんだよ」というのがリカードの思想です。

『資本論』の理論のかなりの部分がリカードの理論の引き写しです。リカードの主著であり、マルクスがまさにパクったのは『経済学および課税の原理』という本です。これは題名の通り、課税、税金の話がかなり含まれています。ところがマルクスの『資本論』は、税金に触れていません。そこに両者の断絶があります。マルクスの『資本論』は全体で四巻の予定でしたが……ああ、今日配ったレジュメにはミスプリントがありますね。「全一巻の予定」とありますが全四巻の打ち間違いです。

ちなみに、ミスプリントというのはけっこう重要なんですよ。官僚が、新聞社に「ここだけだからね」と言って、特定秘密情報を流します。それはもちろん報道してほしいからです。あるいは情報の流れをつかんだり、この記者は約束を守るやつかどうかのチェックをしたいからです。何人かの記者に情報を記した紙を同時に渡すのですが、朝日、読売、産経、日経、毎日と、それぞれに渡す紙の誤植の場所を変えておくんです。つまり、少しずつ意図的にミスプリをしておく。もしくは項目の順番をわざと入れ替えておく。そうすることで、情報が流れた時に、どこのルートから漏れたのかがわかる。新聞記者ではなくて、記者との関係があやしい政治家に渡す場合もあります。そうすると新聞に出た時に、外務官僚の側は、「あの政治家はこの新聞社と関係が深いんだな」などということを読み取っていくのです。

ところが、百戦錬磨の政治家、野中広務《ひろむ》さんとか鈴木宗男さんとかになると、新聞記者に紙を渡さないんですね。情報は流すのだけど、その場でザーッと読み上げてしまう。しかも、わざと順番を変えたりもする。こうやると、情報の趣旨がきちんと伝わるだけで、情報源はバレないですむ。ただ、これはいささか昔話で、今の官邸にしても、自民党の政治家にしても、相当体力が弱っていますから、官僚の精査の罠《わな》にすぐ引っかかってしまう。それはもう手に取るように、誰がどの新聞のどの記者と仲いいかなんてわかっていますよ。

ミスプリントにはこんな話もあります。エリ・コーエンという伝説的なモサド（イスラエル諜報《ちょうほう》特務庁）のスパイがいます。父親の方の（ハーフィズ・）アサド政権期のシリアに長く潜入していました。食い込み方がものすごくて、政権中枢《ちゅうすう》まで入っていって、あわや国防大臣に任命されそうになった（会場笑）。モサドのスパイが国防大臣になるのはさすがにヤバいから、どうにか固辞して、国防省の顧問に就いた。ところが、ソビエトのKGBからの情報で、イスラエルのスパイであることがバレてしまいます。KGBが通信を押さえ、それで秘密通信をしていることがバレて、エリ・コーエンは逮捕された。

ところがモサドは、エリ・コーエンが逮捕されたことを瞬時に知った。なぜか？シリアの秘密警察はエリ・コーエンに、捕まったことがイスラエルにバレないように、監視下でどんどん偽情報《にせ》を送らせたんです。暗号化して電報を打つのですが、イスラエルはその電報を受け取った時、彼が逮捕されたとすぐわかった。誤植が一ヶ所もなかったからです。いざという時のために、必ず毎回ミスプリントを末尾に入れていたんですね。もし完璧《かんぺき》な電文が来た時は、敵の手に落ちたという合図だと決めていた。シリアはまさかそんな合図があるとは思わない。言われた通りのことを暗号をかけた電報にしているとしか思っていなかった。エリ・コーエンは逮捕された後もシリアを欺《あざむ》いたわけです。

今日のレジュメのミスプリントは私がパソコンのキーを単に打ち間違えただけですが、わざとミスプリントをしている人もいるので、世の中ってやっぱり面白いんですよ。

『資本論』は何から始まってる?

では序文を続けましょう。

「何事も初めがむずかしい、という諺《ことわざ》は、すべての科学にあてはまる。第一章、とくに商品の分析を含んでいる節の理解は、したがって、最大の障害となるであろう」

これを読んで、だいたいの人が放棄するんですよ、『資本論』を（会場笑）。確かに、第一章は本当に何を言っているかわかりづらいんです。しかし、いくら事実でも、優れた編集者がついていたら、序文からこんなこと書かせませんよね。例えばみなさん、本屋で新潮新書を手に取って開いてみたら、いきなり「この本は難しい。特に最初の章を理解するのがものすごく難しくて、最大の難関だ」なんて書かれていたら買います？

ついでに、フランス語版の序文もついているから読んじゃいましょう。

「（序文）

フランス語版にたいする序文と後書

ロンドン　一八七二年三月一八日

モーリス・ラ・シャートル殿

拝啓

『資本論』の翻訳を、定期的な分冊で刊行しようというあなたのお考えに私も賛成です。この形で出せば、この著作も、労働者階級にもっと近づきやすいものとなりましょう。この点が私にとっては、他の一切のことより大事です。

このことは、あなたのメダルの美しい方の側面です。だがこのばあいその反面もあります。すなわち、私が用いた分析の方法は、まだ経済上の問題に適用されたことのなかったものであって、初めの諸章を読むのはかなりむずかしいのです。それでこういうおそれがありましょう。すなわち、フランスの読者は、結末を知るのにいつも気をあせり、一般原理と自分たちの現に心を奪われている問題との関連を識《し》るに急であるために、つづけて読むのを厭《いと》うようになるであろうということです。というのは、彼らにすぐ最初のところで一切がわかるというわけではないのですから。

これは一つの不利な点です。これにたいしては、私はどうにもしようがありません。ただいずれにしてもあらかじめこのことを注意しておいて、真理を求めている読者に心の準備をさせておくほかありません。学問には坦々《たんたん》たる大道はありません。そしてただ、学問の急峻《きゅうしゅん》な山路をよじ登るのに疲労困憊《こんぱい》をいとわない者だけが、輝かしい絶頂をきわめる希望をもつのです。

草々敬具

カール・マルクス」

これも今だったら絶対序文に書かないですよ。編集者も「誰も手に取らなくなるから、頼むから書かないでくれ」ときつく要請してきますよね。

じゃあ、どういうふうにむずかしいのか、見てみましょう。いよいよ『資本論』の本文に入ります。

「第一篇　商品と貨幣
　第一章　商品
　　第一節　商品の二要素　使用価値と価値
　　（価値実体、価値の大いさ）
資本主義的生産様式の支配的である社会の富は、『巨大なる商品集積』として現われ、個々の商品はこの富の成素形態として現われる。したがって、われわれの研究は商品の分析をもって始まる」

「『資本論』、読んだよ」とウソをついている人を見分けるいちばん簡単な方法は、「『資本論』の本文は何から始まってる？」って訊《き》くことですね。「商品に決まってるだろ」と答えられる人がどれくらいいるか。だいたい「資本だよ」と答える。あるいは「革命だ」と答える（会場笑）。ですから逆にからかう時は、「『資本論』の冒頭の革命について、あれ、どう思う？　ああいう発想は？」と訊けばいいのです。そしたら、「やっぱり暴力革命はいけないよね」「うん、たしかにそうだね」とか話が盛り上がるって、よくある話です。

ですから、どんなに難しい本でも、最初の一ページだけはちゃんと声を出して読んでおく（会場笑）。そうすると、読んでいない人がウソをついている時にすぐわかりますよ。

他人のための使用価値

じゃあ、先を読みましょう。

「商品はまず第一に外的対象である。すなわち、その属性によって人間のなんらかの種類の欲望を充足させる一つの物である。これらの欲望の性質は、それが例えば胃の腑《ふ》から出てこようと想像によるものであろうと、ことの本質を少しも変化させない。ここではまた、事物が、直接に生活手段として、すなわち、享受《きょうじゅ》の対象としてであれ、あるいは迂路《うろ》をへて生産手段としてであれ、いかに人間の欲望を充足させるかも、問題となるのではない」

前回説明したように、商品には二つの要素があります。まず商品は、一つは価値である。価値とは何か？　ボールペンだったら七〇円。このマジックペンは、メイド・イン・ベトナムの横に一八〇円とある。岩波文庫の『資本論』第一巻は八四〇円。その壁の時計だったら、きっと三〇〇〇円ぐらい。このビルの上においしい窯《かま》焼きのピザ屋がありますが、ランチだったらサラミのピザが一枚八〇〇円。そういう同質性が価値です。

ピザは食べる、本は読む、ボールペンは書く。こういうわれわれの欲望や必要を満たすことができる、それが商品の使用価値です。マルクスは、価値と使用価値とでどちらが重要だと言っているか？　明らかに「外的対象」、すなわち使用価値に重きを置いている。ここでそう言っています。しかし、それをわれわれは――つまり宇野弘蔵や宇野派や私は、間違いだと考えるわけです。

商品を扱うのは、資本家です。しかしここでのマルクスは無意識のうちに、消費者の側の論理に立っています。しかし本来『資本論』の視座は、資本家側から見ているのです。資本家にとって商品の何が重要かと言えば、売って幾らになるかという価値ですよ。使用価値というのは、使用価値がないと商品が売れないから、くっつけているだけなんです。そのことをマルクスは「他者のための使用価値」と呼んでいます。商品を買わせるための使用価値ですね。

常識的に考えてみましょう。例えばわれわれが餃子《ギョーザ》屋を始めて、一日に餃子を何百個と作る。これは自家消費するため、つまり自分たちの口に入れるために作っているのではない。その餃子はあくまで売るために作っているわけです。もし餃子よりもアイスクリームの方が儲《もう》かるのだったら、アイスクリームを売ってもいいのです。アイスクリームよりもウオトカが儲かるのだったら、ウオトカを売ってもいい。ウオトカよりはエロDVDが儲かるのだったら、エロDVDでもいい。売るものは何でもいいのです、ただカネにさえなれば。

ですから、商品にとって使用価値というのは、あくまで消極的な制約要因に過ぎない。それがないと売れないから、くっつけているだけのものです。そうすると、何が起きてくるのかと言えば、例えば食材偽装ですよ。資本主義では、他者というのは儲けの対象でしかなくなるのです。すると不可避的に、儲けるためにはバレなきゃ何をしてもいいんだ、となる。だから、どうせ食材に何を使っているかなんてわかるはずないよ、という考え方が出てきて偽装が生じてくる。商品が持つのは他人のための使用価値だからです。自分が使用するのでしたら、特に食の安全性で偽装なんかしないですよね。

これが資本主義システムの特徴なのです。自分で必要なものを自分で作るのだったら、自分に毒になるもの、有害になるものは作らない。けれども、作っているのは他人にとって必要なものに過ぎず、自分の目的はカネを得ることなのだから、手抜きも生じるし、少しでも原価を抑えられるならば多少健康に有害なものでも平気で使ってしまう。どうせ他人が食べるものだから、偽装も平気でするわけです。

労働者と資本家と地主

では、さっき尻切《しりき》れトンボになったリカードとマルクスの話に戻ります。

マルクスの『資本論』の構造を結論から簡単にいうと、こうです。第三巻のいちばん最後、「諸階級」というところで書いていることですが、資本主義社会には三つの階級しかないとマルクスは言っています。労働者と資本家と地主です。

労働力は商品化されています。それの対価である賃金は、さっきも言ったように、三つの要素がある。一ヶ月の衣食住、それに少々のレジャー代。これで翌月も働くエネルギーを蓄える。そして二つ目に家族を扶養し、子どもに教育を受けさせるおカネ。これは、時代によって変わります。女性労働の比重が高い時代は、共働きですから、一人ひとりの賃金は下がる。女性労働の比重が低い時、要するに家事労働の比重が高い時は、賃金は上がる。あるいは子どもの受ける教育がどのレベルかというのは、時代とともに変遷《へんせん》していきます。いずれにせよ労働者階級を再生産する、そのためのおカネ。

それから三番目が自己教育の資金。皆さんもこの講座に来ているのは、自己教育になるからではないでしょうか。生きていく上で、世の中を今とは別の見方で見ないといけない——そんな必要性をどこかで感じているのではないでしょうか。今まで通りの見方や考え方で生きていくと、「まさかこんなことに!」みたいな状態になるかもしれない。会社で大幅リストラが行われるかもしれないし、年金だって出なくなるかもしれない。もっとひどいことだって起きるかもしれない。そんな時、どうやって対応するか? 万が一そんな状況に陥った時のために、東京拘置所の塀の中で五一二日も臭い飯を食っていたやつの話でも聞いておけば、何かヒントがあるのじゃないかと無意識にでも思って、ここへ集まっておられるかもしれません。ならば、これは自分自身の学習費に入るわけです。

しかし、個々の資本家の側にすれば、「お前の家族はどうなろうが知ったこっちゃねえ」「自己教育なんか、勝手にやれよ」となるでしょう。できるだけ賃金を抑えたいのは当り前ですね。賃金を抑えれば、そのぶん利潤――『資本論』では「剰余価値」と呼びます――が増えるのですから。コンビニでも大企業でも、出版社でも銀行でも、慈善事業ではありませんから、労働者に払う賃金以上は儲けているわけです。例えば私がコンビニで一時間一〇〇〇円で働くとするなら、絶対にそのコンビニは私を雇うことによって一時間一〇〇〇円以上は儲けているのです。企業のサラリーマンでも、たまたま今月は「こいつ、給料分働いてないよなあ」ということはあるとしても、平均してみた場合には必ず賃金以上の価値、つまり剰余価値を生産しているわけですね。

この剰余価値というのは、労働者の側から見れば、搾取されていることになります。ただ、搾取は収奪ではないと前に述べましたね。資本主義社会において、搾取しない企業はたった一つ、搾取しない資本家はたった一種類なんです。それは、倒産した企業と破産した資本家ですよ。倒産した企業は賃金を払うことができませんから、搾取をしている企業よりもタチが悪いんです。資本主義はそういうシステムなのです。

資本家と労働者がいるのなら、その二者で利益を分けたらいいじゃん？　そうはうまくいかないんですよね。土地を持っているやつらに地代を払わなければいけない。マルクスはそう論じていきます。実は、ここをどう解釈するかはけっこう大変なところなんですけれども。でも、まずは素直に解釈しておきましょう。要するに、資本によっても労働力によっても、土地は作れないのです。

この「土地」というのは、広い意味での土地です。環境です。例えばマルクスは土地の豊饒力《ほうじょうりょく》というものも考えています。『資本論』を書いた時代には、化学肥料がまだ発明されていませんから、土地の持つ豊饒力は重要な要素でした。このへんは、今では化学肥料を撒《ま》くと豊饒力がバーッと上がりますから、われわれの皮膚感覚ではわかりにくくなっている。あるいは水力。川の横にある土地は水車を回すことができるから非常に地代が高い。こういうところも今のわれわれには皮膚感覚的にはわかりにくくなっています。

ただ、いずれにせよ重要なのは、この土地は環境を指しているということです。これが資本主義の「環境制約性」なのです。環境問題は、資本主義が暴走する際のストッパーになりうるのです。環境は、つまり土地も水も空気も、資本によっても労働によっても作り出せない。だから環境を持っている者は、環境を資本主義的に使われることの対価として、資本家の剰余価値の一部を分与される仕組みになっているのです。

わかります？　まあ、今すぐわからなくても、繰り返しこのことは説明することになるでしょう。

となると、マルクスが『資本論』で言っているのは、労働者の賃金は資本家からの分配ではないということですよ。労働者の賃金は生産論で論じられるのです。生産の際に、労働力を再生産するためにはどれくらいの賃金ならいいかが決まってしまう。会社がいくら儲かっても、それが労働者へ流れて行くということは原理的にない、というのが『資本論』の考え方です。資本は生産過程において、商品化された労働力を得て、産業資本となっていく。そこのところですでに賃金は決まっている。

利益の分配というのは、資本家同士（含、地主）でされるものなんです。新しい機械を作っている資本家への分配、あるいは金融資本の人と産業資本の人の間の分配、さらに土地所有者との間の分配。労働者は分配とは関係がない。これが『資本論』の基本的な枠組みです。

公務員とは何か？

ただ、そうなると、『資本論』で説明できないことが出てきます。労働者階級、資本家階級、それから地主階級、この三大階級によって社会が成り立っている。では公務員は、どこに所属するんですか？

共産党系の本を読むと、指定職局長級以上の公務員はみなし資本家、つまり資本家の仲間であり、役職がついていないヒラの公務員はプロレタリアート——そんな分け方をしています。これはまったく理論的な基準がないと私は思う。公務員論になると、マルクス経済学やマルクス主義者はほぼ破綻《はたん》していますね。

本当のことを言いましょうか？　この教室に公務員の方がいたらごめんなさいね。私は元外務公務員だったのでよく知っていますが、公務員というのは社会に寄生している存在です。社会の外側にいて、国家の暴力を恃《たの》んで、社会から収奪しているのです。その点は、マルクスの『資本論』とリカードの『経済学および課税の原理』の断絶を見ればわかります。『資本論』は社会を分析した書物です。社会の構造の中では、国家のことを持ち出さなくてすむんですよ。国家は、『資本論』においては社会の外側にあるものなのです。だから、国家については別途に考えないといけない。

結論を言うと、国家は社会から吸い上げることによって生きています。こういう国家の本質を深く分析し、よく理解していたのは、マルクスではなく、マックス・ウェーバーとレーニンでした。

かつて、民主党政権下で仙谷由人《せんごくよしと》官房長官が「自衛隊は暴力装置である」と言って騒ぎになりました。そう、これはレーニンもウェーバーも言っていることですが、まさに国家は暴力を独占しているところに特徴があるのです。そして国家を支える具体的な人間が必要なんです。それが官僚です。官僚は階級ですよ。そして、この階級は税金で生きている。しかも社会から税金を搾取《さくしゅ》しているわけではありません。搾取というのは、断ることができるものです。例えば〔コンビニ・サトー〕へ面接に行って、「一時間一〇〇〇円だよ」と言われると、「そんな安いんじゃ嫌です。時給二〇〇〇円はほしいです」「じゃあ、別の人を雇うよ」「どうぞ」と断ることができる。ところが、税金は断れません。「いや、おれは断る。払わない」「それは自由ですが、払わないでいると小菅《こすげ》の拘置所に入ってもらうことになりますよ」となる。だから、収奪なんです。

脱税は警察が捕まえに来ません。国税庁が検察に告発して、特捜部が捕まえに来ます。ですから拘置所の生活や食事や建物の雰囲気の話が私といちばん合うのは、野村沙知代《さちよ》さんなのです。実際に、彼女と会うと話が尽きません。野村さんは私と同じ時期に東京拘置所に入っていました。彼女は脱税、私は背任と偽計業務妨害で捕まったのですが、二人とも特捜部のお世話になったんです。だから二人とも留置場には入らず、いきなり拘置所行きです。これは脱税が国事犯罪で非常に重いものだという、国家の論理から来ていますね。国家は税金なしには成り立たないからです。

国家のやり口というのはどんなふうか？　例えば公務員が自分たちの家族を養うために、五〇〇万円必要だとしたら、いきなり社会に「五〇〇万円出せ」と要求したりしません。「ふざけるんじゃねえ、なんで俺たちがお前たちを食わせなきゃなんないんだ」となりますからね。だから、まず一五〇〇万円取るんです。五〇〇万円は国防、外交、安全保障のために必要だ。あと五〇〇万円は教育や公的扶助や社会福祉に必要。われわれは全体の奉仕者かつ専門家として中立的に分配します。ただし、その手数料はいただきます。この手数料が五〇〇万円です。そんな論理構成になっているんですね。再分配機能を果たすという名目で過剰に取っている。

本質において、国家というものはあくまで社会の外側にあって、社会から収奪していく存在です。ここをきちんと考察しているのが、柄谷行人さんですよ。私は彼から非常に強く触発されて、NHKブックスから『国家論』という本を出していますので、関心がある方は読んでみて下さい。

こうやって見ていくと、やはり官僚は一つの階級です。小泉純一郎さんは巧《うま》いんです。あの人は郵政民営化の時、階級闘争を仕掛けたのです。税金泥棒という言葉があるように、国民はみんな潜在的に官僚階級を嫌っています。資本家も労働者も地主も、官僚が嫌いです。だから、小泉さんは郵政民営化選挙で「官から民へ」と訴えて、〈官僚階級対それ以外の全《すべ》ての階級〉という構図を描いたわけです。けれど、郵政民営化によって税金をいくら節約できました？　郵便局の人たちに税金からどれぐらい出ていました？　実はゼロですよね。郵便局の局員は公務員でしたが、税金ではまったく運営されておらず、郵政事業の枠内できちんと回っていた。郵便本体は赤字ですけれども、かんぽ生命とゆうちょ銀行が黒字ですから、税金は一円も投入されていなかった。しかし小泉さんは「官僚はいつだって能天気で、欲が深くて、横着だ」という疑似階級闘争をイメージ展開して大勝利したわけです。

官僚階級をどう見るかは、社会を見る時に非常に重要です。官僚なんてなくしちまった方がいいかというと、そうもいかない。国家がなくなって、日本がフラットな社会だけになったとすると、どうなるか？　日本の周辺には国家があります。その国家が自分たちの暴力装置を持って現れるでしょう。どこかの国家にわれわれは併合されて、終わりになるだけです。ですから、他の国家があるかぎり、われわれも国家を維持しないといけない。ならば官僚もなくせない。

グローバリズムは国家を超える、なんて言われますけれども、国家がなければ資本主義社会の発展もありません。勝手にカネとモノを動かすやつらがいるだけでは、社会は発展しない。彼らを規制し、市場の枠組みを作らないといけない。ただし、国家には国家独自の論理があって、自由主義でも保護主義でも、おのれのいちばん有利な道を選びます。戦争がいちばん有利ならば戦争をするし、北朝鮮のような体制がいちばん有利ならばああいう体制にもするでしょう。

国家は社会の外側にあり、本質において暴力的であり、やはり本質において官僚階級が恣《し》意《い》的に運営している。こういうシステムだということも、『資本論』から読み込んでいけるのです。

〈質疑応答〉

受講生E　『資本論』における「土地」は環境と捉えるべきだというお話がありましたが、土地というのは一種の商品として見る考え方があると思います。現代でも、例えばデベロッパーなんかは、地主兼資本家ではないでしょうか。現代の日本でも労働者、資本家、地主というのは、三つの階級として成り立っているのでしょうか。

佐藤　あなたのご質問は非常に重要で、実は、私は三大階級説を取らないんです。最終的には二大階級に収斂《しゅうれん》されていくと思っています。

要するに、『資本論』第三巻の問題なんです。第三巻には「擬制資本」という概念が出てきます。持っているだけで何らかの利益が出てくるなんて、本来の資本主義であり得ないことです。資本というのは、貨幣を増やそうとする運動です。何かを買ってきて、どこかで転売するという運動。カネを貸し付けて、時間が経《た》って利子と共に取り返すという運動。あるいは、労働力と原材料を購入して、工場も購入して、そこでモノを生産して売るという運動。資本は絶えず動いているんです。ところが、土地は所有するだけで利益が入ってくる。これは特殊な商品ですよね。まさにあなたは「土地は商品」とおっしゃられたけども、すごくいい視点です。土地は商品だし、同じように、株式も商品です。だから売買されていく。そういうふうに考えると、畢竟《ひっきょう》、資本主義社会には資本家と労働者しかいないのではないか、その二極に分かれていくのではないか、と私は思っています。そして、土地がカネであるのが擬制、つまりフィクションであるように、資本の最高形態であるところの株式もフィクションの上で作られているものだと、バブルの時にある程度はっきりしたと思います。いずれにせよ、非常に脆弱《ぜいじゃく》なシステムですよ。土地の問題は、『資本論』の第三巻に触れる時にまた話題になるでしょう。いずれにせよ、すごく重要な問題意識です。

受講生E　ありがとうございます。

受講生F 使用価値のところで、マルクス自身に誤謬《ごびゅう》があったというお話が面白かったのですが、もしそのほかにもマルクスにはこんな限界があったという点があれば、全体像の把握のためにご指摘いただければと思います。

佐藤 論理の上でのマルクスの限界ですと、宇野弘蔵の『経済原論』に索引がついていますから、読みあげてみましょうか。

「本書で採りあげた『資本論』における問題点、価値実体論、価値形態論、貨幣形態、『商品の変態』、労働の二重性、価値法則の論証方法、資本の流通過程論の方法について、資本主義に特有なる人口法則の展開について、いわゆる窮乏化法則、商業利潤論の位置、利子論と商業利潤論との関係、市場価値論、特別剰余価値の源泉としての『強められた労働』、利潤率の傾向的低落の法則に反対に作用する諸要因について、恐《きょう》慌《こう》の根拠としての資本主義社会の矛盾について」

いろいろありますね（会場笑）。例えば、恐慌は死に至る病だ、恐慌から革命が起きるのだというようなことも『資本論』からは読み取れるんです。ところが、恐慌はむしろイノベーションをもたらすのであり、むしろ資本主義はそれで強くなっていくのだ、というのが宇野の読み方です。この読みはマルクスの限界を超えていると私は思っています。

ほかにも例えば、生活水準の歴史的規定。これは今日いちばん最初にアイルランドの例のところでちょっと話しましたね。「あいつらは文化が低いから賃金も低いんだ」という議論は差別や偏見であって、経済的な分析ではない。

宇野はさらに、

「土地私有制と資本主義、『競争論』の問題、手形割引に関するマルクス、エンゲルスの見解、利子論における資本の商品化と貨幣の商品化との同一視、利子論の前提としての『貨幣資本家』と『機能資本家』、商業資本論と利子付資本との関連、社会主義の必然性の論証について」

などと挙げています。このへんが宇野の視座から見て、マルクスの『資本論』が論理的に破綻しているところになります。

受講生G　今の質問とちょっと重なるかと思いますが、宇野学派についてうかがいたいのです。私は九〇年代半ばくらいに当時としても珍しい、マル経の牙城《がじょう》のような経済学部に在籍していたのですが、それでもやはり宇野学派――宇野弘蔵から始まって、鈴木鴻一郎、伊藤誠、もしくは関根友彦みたいな系譜が完全に力を失っていたと思います。これは宇野経済学の限界というか、時代に合わなくなったからなのか、もしくは経済学全般のアメリカナイゼーションが起きてしまったからなのか。宇野学派の総括をお聞かせ下さい。

佐藤　宇野学派は今や、東大経済学部の小幡道昭《おばたみちあき》さん（二〇一六年三月退職）ぐらいしか残っていない状況ですね。例えば馬場宏二《ばばひろじ》さんなんて、逆に日本資本主義礼讃《らいさん》みたいな方向へ行ってしまった。私が思うに、宇野派の人たちの最大の問題は、経済哲学がなかったことです。伊藤誠さんにしても、彼の考えているような社会主義思想はほとんど国家社会主義ですよね。鎌倉孝夫さんは極めて優れた学者で知識人ですが、哲学的には新カント派とチュチェ思想つまり金日成《キム・イルソン》主義とを折衷したものです。金日成を過剰に読み込んだフォイエルバッハのような感じです。

未来の社会がどういうふうになるのか、人間の本来的なあり方はどんなものか、などということに関して宇野学派の人たちはあまり関心を持たなかった。宇野弘蔵さん本人は、むしろその面での関心が非常に強い人でした。宇野学派が三世代目までは継承されたけれど、結局、四世代目まで行かなかったのは、宇野の考えた経済哲学的なものをうまく継承できなかったせいだと私は思っています。

結局、宇野の考えたこと（経済哲学）をいちばん深く継承したのは、柄谷行人さんでしょう。宇野は本質においてはアナーキストです。つまり、国家など不要で、人間と人間との関係だけで理想的な社会を作ることができるのではないかという夢を、ずっと持っている人でした。そんな国家不要の革命運動をやれば、国家は牙《きば》をむき出してくるから確実に殺されるだろう、そこまでの覚悟は自分にはない、と宇野は告白しています。だから自分は理論をやる、そして理論的に『資本論』を追究していった結果、資本主義というものがあたかも永遠に続くかのごとく回っていき、人間を徹底して疎外《そがい》していくという疎外論を固めたのだ、と。

ただ、宇野の持っていた疎外論の感覚は、日本的な環境の中では馴染《なじ》みにくいものです。宇野弘蔵に対して、マルクス主義陣営の中からいちばん理論的に反発できたのは東大の廣松渉《ひろまつわたる》さんだったと思います。共産党系からの反発は、政治的ではあるけれどちっとも理論的ではありませんからね。宇野さんは資本主義の内在的論理を説いた〈原理論〉、それから資本主義の歴史的発展、具体的には国家がどういうふうに経済に介入するかという〈段階論〉、さらにそれを踏まえた〈現状分析〉と進めたのですが、この方法論に関して、はたしてこれを方法論と言っていいのか、単なる思いつきであり、手続き論に過ぎないのではないかと廣松さんは批判しました。

廣松さんは、人間にはいろんな組み合わせ、関係が第一義的にできているのだと、〈物象化論〉を唱えたんです。物事は実体的にではなく、因果関係からできている。これは仏教の縁起観を基にしています。仏教とマルクス主義を折衷させた解釈によって社会を見るというのが廣松さんの視座でした。

宇野弘蔵の、人間には〈本来のあり方〉があるという考え方は、ある意味ものすごくキリスト教的、もしくはユダヤ教的なのです。カリフォルニア大学のアンドリュー・E・バーシェイが書いた『近代日本の社会科学──丸山眞男と宇野弘蔵の射程』など、宇野がけっこう海外に紹介されているのは、ヨーロッパ的あるいはアメリカ的なコンテキストだとわかりやすいからでしょうね。私も、人間には本来のあり方があると思っています。廣松さんのような仏教的な読み方では、本来の人間のあり方などという考え方は出てきません。自分は何かの原因があっていまここにいるのだ、というのが縁起観です。現在起きていることを変えることはできない。しかし将来は現在の行動によって規定される。未来において努力は報われる、という強力な希望の論理を仏教の縁起観は持っています。

まあ、宇野学派に限らず、マルクス経済学が退潮したのは、大学の中の講壇哲学になってしまったからだと思いますよ。大学の先生になるには、精緻《せいち》に原理論の体系についてスコラ学的な論理を展開できればいいんです。彼らはソ連に対していろいろ批判的だったのに、社会主義体制は続いていくのだろうなと、単純な唯物《ゆいぶつ》史観にずっと寄りかかっていた。それが一九九一年にソ連が崩壊して、「あ、ソ連が崩壊したということは自分たちの理論も間違えていたのかな。あんまりそういうことを突き詰めたくないな」なんて思っているうちに、学生がそんな迫力のない教師たちに魅力を感じられなくなった。それでエネルギーがどんどんなくなって、後継者もいなくなったのだと思います。

これが何を引き起こしたかと言うと、一つには官僚たちにマルクスに関する知識がなくなったのです。つまり、学生時代にマルクス経済学を学ばない人たちが官僚になるようになった。すると官僚の発想や行動に、大きな穴が開くことになりました。『資本論』を学んでいないから、資本主義の限界がわからないし、金融財政政策で全てコントロールできると思い込んでしまいます。この人たちは、宇野弘蔵が「管理できない管理通貨制度」と言ったアイロニーがまるでわかっていないのです。それが現状ですね。

では、今日の課題です。二つ用意しています。

まず一番目、「『資本論』冒頭の〈商品〉は、あらゆる時代に存在する商品か、それとも資本主義社会に限定された商品か」。これはどっちが正解ということではありません。どちらを選んでも答えがあります。宇野派は資本主義に限定されていると考えます。それに対してマルクス主義経済学の正統派は、共通している単純商品だという考え方をします。論理が崩れなければ、どちらを選択しても構いません。二番目。これは今日話した範囲で、十分答えられると思いますが、「他人のための使用価値とはどういうことか」。二つの課題のうち、どちらかについてレポートを出して下さい。二つとも出していただいても結構です。

3　カネはいくらでも欲しい

マルクスの錯綜《さくそう》

ようこそ。今日はちょっとした取材で写真撮影が入っています。昔もこういう学習会で写真を撮ることはあったんです。そんな時、集まっている人たちの顔が写らないように、カメラマンは後ろ側から講師だけを撮ったものです。昔は『資本論』の学習会なんてやっていると、必ず警察にマークされていましたからね（会場笑）。今や『資本論』を勉強しても誰からもマークされないと思いますので、そこは非常にいい時代になりました。

さてみなさん、レポート提出ありがとうございました。結論からいうと非常によくできている答案が多いのですが、中にはポイントがわかっていない人もいます。そんな方の答案には「この本のこのへんを読んでもらえばわかります」というメモを入れましたので、参考にして下さい。

まず、私がこの先で言いたいことを全《すべ》て先取りしているような答案を、ゆっくり読みながら紹介します。「他人のための使用価値とは何か」についての答案です。この方は私の紹介した文献を超えて、柄谷行人さんの『トランスクリティーク』をきちんと読んで、柄谷さんの導入した「事前」と「事後」という視座を使って答案を書いています。

抜粋して紹介しますね（『　』の中は『トランスクリティーク』からの引用です）。

「マルクスは商品の分析において、商品の使用価値と交換価値をそれの綜合《そうごう》として捉《とら》える。綜合的とは〈事後的な立場（結果あるいは終わり）〉から考えるということである。『しかしマルクスは、商品を使用価値と交換価値の綜合において見たとき、そこに存する困難に気づいていた。それは、彼がいわば「事前」において見ていたからである』」

ちょっと略します。

「『使用価値として実現され得る以前に、価値として実現されなければならない。他方で商品は価値として実現され得る以前に、使用価値として立証されていなければならない』としている。そして、このことを証明するのは、商品の交換だけによるのだ。商品が商品の価値を確証させるのは、いわゆる『商品の生命がけの飛躍』が必要とされるということである。ここにおいて『商品の生命がけの飛躍』とは、『事後的に見れば商品は使用価値と交換価値の綜合であるが、事前においては、それは存在しない。それが実現するためには、他の商品（等価物）と交換されなければならない』ということだ。つまり商品は、まず『他人のための使用価値』でなければ価値たり得ないということである」

この答案は、宇野弘蔵が考えていたレベルを超えている柄谷さんの考え方を上手に紹介しています。

『資本論』を読まれた方、あるいはマルクス主義経済学系つまり非宇野派の教科書を読まれた方は、「交換価値」のところで引っかかったと思います。実は宇野派の経済原論には、交換価値に関する記述がないんです。ところが『資本論』においては、交換価値にけっこう長くページを割いている。

ここはマルクスの考えが錯綜《さくそう》している箇所なんです。二〇エレの長さのリンネル

（亜麻布《あまふ》）が一着の上衣《うわぎ》に値する、という例が出てきます。岩波文庫版『資本論』の第一分冊をお持ちの方は七八ページからの「商品に表わされた労働の二重性」の項目に、交換価値が出てくるので見て下さい。九〇ページには「単純な、個別的な、または偶然的な価値形態」として、「x量商品A＝y量商品Bあるいは、x量の商品Aはy量の商品Bに値する。（亜麻布20エレ＝上衣1着または二〇エレの亜麻布は一着の上衣に値する。）」とある。

「二〇エレの亜麻布」は面倒だから、二メートルの布でいきますよ。

ここで言われているのは、二メートルの布が一着の上衣に値するから交換される、ということです。この時、マルクスには二つの発想があるんです。一つは、二メートルの布と一着の上衣には、背後に同じ労働量がある。それだから交換が可能である。これがマルクス主義経済学正統派の考え方で、あらゆる時代の生産において、交換の背後には労働があり、この等質の労働という要素が価値になる、という見方ですね。

この見方だと、とりあえず『資本論』の第一巻は読み通せるのです。ところが第三巻になってくると、この理屈に通らないことをマルクスが言い出します。近代経済学のオーストリア学派における主要な一人、オイゲン・フォン・ベーム＝バヴェルクは『マルクス体系の終結』という本の中で、『資本論』第一巻と第三巻の矛盾を取り上げています。

この問題を日本へ輸入したのが、慶應大学の経済学者で、近代経済学の日本の草分けとなり、そして今上天皇の家庭教師として有名だった小泉信三さんです。小泉さんは戦前、河上肇《かわかみはじめ》や櫛田民蔵《くしだたみぞう》などを相手に〈価値論争〉を展開しました。宇野弘蔵はこの論争を見て、どちらの陣営とも全く違う解釈を下しています。その宇野の考え方は、竹中平蔵さんなんかの考え方と通底するところがあります。要するに新古典派的な考え方にも通じるところがあるんですね。

宇野は、布を持っている人の背後に〈所有者の意向〉を想定したのです。つまり、布を持っている人が「誰かが一着の上衣を持ってきたら、私は二メートルの布を提供する用意がありますよ」と表明している、そういう意向表明なのだ、と捉えたわけです。ただし、一着の上衣の所有者が布を欲しているかどうかはわからない。しかしとにもかくにも、「こういう形で交換をしたいですよ」と布を出してきて、市場の中の需要と供給の中で均衡点が得られる、という考え方です。

この「均衡点が得られる」というポイントだけを発展させていくと、新自由主義的な考え方の基本になる新古典派の発想になっていきます。ですから、宇野経済学と新古典派をくっ付けることはそう難しくはありません。

ところが、マルクスはこんなことも書いている。「一メートルの布が二分の一の上衣に値する」という表現の箇所が出てくるんです。これはあり得ませんよね。どうして？　「二分の一着の上衣」なんて、着られないじゃないですか。つまり、使用価値がないじゃないですか。そんなものを欲しがる人はいないわけです。だから、マルクスは必ずしも宇野と同じように考えていたのではないかもしれない。マルクスは、背後にやはり労働量みたいなものを考えていた可能性もある。ですから、冒頭の商品について、そっちの側からの――つまり、あらゆる時代の商品だという――読み解きをしてもかまわないわけです。

ただ、商品の背後に労働量が隠れているという読み方をすると、『資本論』第一巻と第三巻の間で整合的な読み方ができなくなります。その整合性をどうやって取るかを整理したのが柄谷行人さんです。「事前」と「事後」という概念を使うことによって、きれいに読み解いたわけですね。

商品と資本主義

宇野弘蔵の論理に則した形で議論を進めている別の答案も読んでみましょう。「『資本論』冒頭の〈商品〉は、あらゆる時代に存在する商品か、それとも資本主義社会に限定された商品か」についての答案です。

『資本論』冒頭において商品は、資本主義において社会的な富を構成する要素として規定されている。もちろん人間の共同体と共同体の間、さらにいえば他者とのかかわりの中にあって、ある人の欲望を充足させる物として交換される『商品』は、人間が社会を形成する限り存在すると考えるのが順当であるが、貨幣商品が生まれ、さらに労働力までもが商品化され、その生産物が『ことごとく商品の形態をとる』（桜井毅ら『経済原論』二六ページ）形での『商品』を『資本論』では念頭にして分析していくため、『限定』という言い方が果たしてよいかは別として、『資本論』冒頭における商品は、とくに資本主義における商品を指し示していると考えるべきである。

商品は『人間の欲望を満たす有用物』（向坂逸郎編『資本論解説』二六ページ）であるが、同時に『その所有者にとっては直接に使用価値として役立てられないからこそ、商品として交換に出されている』（桜井毅ら『経済原論』二九ページ）という側面ももつ。この意味で自己と他者の間、また『所有者』は家族や共同体にまでその範囲を拡張できるとも考えられるので、ある共同体と別の共同体の間で商品は生まれる。この意味で商品は歴史的な進展によって登場するものではなく、人間が他者と存在する限り生まれる社会的なものと考えられる」

ここもポイントですね。資本主義は、共同体と共同体の間から生まれていた商品を、ある時にあるきっかけで商品化された労働力によって生み出すようになり、それをシステム化していった。商品経済という形態があって、それがある段階でガバッと実体をつかんでいったという考え方ですね。

「富の実質的な内容は、社会的形態のいかんを問わずある使用価値を持つ物の集合体である。ただし『物が使用価値である限りにおいては、それは財貨（あるいは財）であるにすぎず、商品であるということはできない』（桜井毅ら『経済原論』二八ページ）」

これは、一見似ているように見えるのですが、最初に紹介した柄谷行人さんをベースとした考え方とは違うのです。物が使用価値を持つゆえに、単なる財であるという立場を柄谷さんは取らない。既にみなさんご承知のように「本なら読む、ピザなら食べる、ボールペンなら書く」というのが使用価値ですが、この概念は価値と対になって出てくる事後的なものだと考えるからです。使用価値があるものは、価値があることが前提になっている。資本主義的に交換される商品の中でしか、価値も使用価値もありはしない。自分の家の前に小川があって、その水を汲《く》んでくる。その時に使う水は、使用価値ではなくて、何かの効用があるにすぎない。交換の対象にならないものは、価値でもなければ使用価値でもない。こういう柄谷さんの議論でいくと、きわめて整合的ですね。

「『資本論』において、商品には、この使用価値と価値の二つの要素があることが指摘されている。価値は交換を必須《ひっす》条件に発生するが、この価値の実体を単に抽象的な人間労働とするのか、資本が登場してはじめて論証可能になるものであるのかは議論が分かれている（桜井毅ら『経済原論』三二ページ）」

この書き方も非常にいい。宇野派の見解だけを書くのではなく、ここで議論が分かれてるんだよ、と書くのは自分がわかっていると明記することですからね。いずれにせよ、みなさんの答案はちゃんとひと言コメントを付けた形で返却しますので、ぜひこんな感じで答案の提出をしていただけるとありがたいです。

哲学やるならドイツ語

日本の大学生とか若手知識人の力がちょっと弱っている、という議論があります。これはポストモダン以降の傾向です。ポストモダン以降、知的な作業に関心のある学生たちはフランス語をやるようになっちゃった。われらロシア屋さんから言わせると、だいたいフランス語なんて愛を語る時の言語です。じゃあ、ロシア語はというと、家畜を叱《しか》るときの言語（会場笑）。哲学とか思索をする時に必要な言語はドイツ語です。どうしてかと言えば、ドイツが後進国だったからなんです。

哲学は、そもそもラテン語で行われていました。ギリシャの世界からラテン世界になって、そこでスコラ哲学になった。ほとんどの哲学書はラテン語、せいぜいフランス語で書かれていた。そして、ライプニッツという天才が一七世紀から一八世紀にかけてのドイツに現れます。むちゃくちゃ多才な人物ですが、哲学の本だと『モナドロジー（単子論）』を書いた。「モナド（単子）」というのは神様以外に作ることができず、神様以外に消すことはできないものです。大きくなったり小さくなったり、いろんなモナドがある。そしてモナドとモナドの間にはお互いに出入りできるような窓や扉はない。モナドは他者の姿を見て自分の姿を知る。ライプニッツはそういうモデルを考えた。

このモデルは、現代だったら何か？　EUですよ。EUはそれ自身として完結しています。大きくなったり小さくなったりもするんです。あるいはプーチンが言っているユーラシア同盟です。あるいは理論的には、大東亜共栄圏もモナドです。全体主義というのは、複数の全体がある、という考え方なのです。

それに対して、単一の全体によって世界が支配されるというのが普遍主義です。ですから、全体主義は多元的で、モナドロジー構成をとるんです。ライプニッツがいま関心を持たれているのは、世界秩序がまた大東亜共栄圏のような形でのいくつかのモナドによって切磋《せっさ》琢磨《たくま》していくのではないか、と予見されているからです。

〈総合知の天才〉であるライプニッツはいろいろなことをやっています。ニュートンとどちらが先かと大争いが起きた微分法の発見・発明もしました。微分法によって、人類のものの考え方はすごく進みました。さらに中国学を始めた人でもあります。あるいはコンピュータ言語の基礎となるような二進法も考えていました。そして、彼はドイツ人ですが、ほとんどの著作をラテン語もしくはフランス語で書いています。

そこでドイツ人たちも、「われわれもライプニッツの考えていることを知りたい」と願った。ところがドイツはヨーロッパの田舎ですから、ラテン語のできる人はあまりいません。ちなみに、中世も現在も、ラテン語をしゃべれる人の人口は同じぐらいなのだそうです。カトリック教会の神父たち、それからラテン語専門家は常に一定数いて、いまだ完全には死に果てていない言語です。一九三〇年代に出た研究社のラテン語辞典も、二一世紀になってから改訂され、新しい版になって出ています。今の日本でもちゃんと需要があるんですね。

さて、ドイツ人がラテン語ができないとなればどうすればいいか？　ライプニッツの弟子のヴォルフがドイツ語に訳したのです。その時、彼は考えに考えて、日常的に使っているドイツ語に訳した。一八世紀にこの翻訳が行われたのが決定的で、日本人は悟性とか理性とか言われても皮膚感覚的にピタッと来ないでしょうが、ドイツ人はVerstand（悟性）、Vernunft（理性）と言われて、すぐに呑《の》みこめるのです。以来、ドイツ人には日常語で哲学的な思索ができるという有利な点が生まれました。ですから、哲学的な思考をしようという人はドイツ語を身につけた方がいいのです。

贈与と相互扶助の久米島《くめじま》

さて、元に戻します。日本語の哲学用語が皮膚感覚的にピンと来ないように、今の世界に生きるわれわれには隔靴搔痒《かっかそうよう》というか、うまく想像しにくいものがあります。商品が生まれると必ず貨幣が生まれます。貨幣が生まれるところには必ず資本があります。資本主義社会のわれわれは、労働力の商品化がなされたもとで生きています。われわれはメシを食うために物を作り、その賃金で商品を買い、社会的関係を維持している。日常的に、生活に必要なものは全部カネを出して買っているわけです。ですから、カネなしで暮らしていた世界のことを想像しにくくなっている。実はわれわれが想像しにくくなっているものって、意外とたくさんあるんですよ。

そんな視点から経済を見た天才的経済学者がカール・ポランニーです。彼はハンガリーの出身で、コロンビア大学で教えていたのですが、奥さんが共産党の関係者でマッカーシズム全盛のアメリカへは入国が認められなかったため、カナダに住んでニューヨークへ通っていました。

このポランニーが、「人間の経済」には三つの要素があると言っています。

まず一つ目は贈与。お金をたっぷり持っているやつがひたすらばらまく。みなさんも、文化人類学の方で〈ポトラッチ〉なんて言葉を聞いたことがあるでしょう。ポトラッチをやる人間は、富をばらまいて、とにかく全部ばらまき終わって完全に破産するまでばらまき続ける。やがてまた別の新しいポトラッチが行われる。

贈与って、モースの『贈与論』を読めばわかるように、面白いんです。人間には贈与されると、モノを返したくなる性格があります。ですから圧力鍋《なべ》セットを売りつける悪徳業者なども、タッパーウェアなんかをまずあげるんですね。その後で説明会へ連れていけば、「モノをもらっちゃったから、こっちも何かお返ししないと」と思って、契約するわけです。これを〈返報性の法則〉と言います。悪徳マルチ商法の人たちは、人間の心理をよくつかんでいますよ。

逆に贈与をずっとするが、与えるだけで、返さないでいいとなると、力関係になります。だから派閥の領袖《りょうしゅう》が、夏には氷代、冬には餅代《もちだい》とばらまく。最初は仲間同士のつもりでいても、いつも奢《おご》られていると、それは力関係になってしまいます。これも一つの経済です。

二番目は、相互扶助。別に金銭を媒介としなくてもいいのです。ソ連時代、物の価格は全てゴスプラン（国家計画委員会）で決めていました。それ以外の値段で売ると、投機行為罪になるんです。投機行為罪はそんなに重くなくて初犯ならば、せいぜい強制労働二年ですみます。

では、人を雇って、「キャビアは公定価格で一〇〇〇円だ。ドルショップだったら五〇〇〇円で売っている。中を取って三〇〇〇円で外国人に売りさばいてこい。お前には一つ五〇〇円ずつやるから」なんてやっていると、これは投機行為罪だけでは済まずに、資本主義幇助《ほうじょ》罪という大罪になる（会場笑）。山崎豊子さんの『不毛地帯』を読まれた方は、主人公の壹岐正《いきただし》が懲役二十五年の刑を食わされる、その罪状の中に資本主義幇助罪が入っていたのを覚えているでしょうか。壹岐は「資本主義国家の軍人である私が、国家のために忠誠を尽し、働いたことが、何故《なにゆえ》に貴国の国内法である資本主義幇助罪に問われるのか」と抗議しますが、むろん聞き入れてくれません。

一九九二年一月、ロシアは物価統制を、基礎食料品のいくつかを除いて、撤廃しました。そうしたら、もうものの一週間で、闇市《やみいち》にしかなかったモノが商店に溢《あふ》れるようになりました。その代わりロシア人が経験したことのない大インフレーションが起きました。政府の公式統計でその年のインフレーションは二五〇〇%以上です。ですから貯金は完全に意味がなくなった。けれど暴動の一つも起きなかった。飢え死にした人もいなかった。どうして？　相互扶助の伝統があるからです。相互扶助と備蓄のおかげでした。

これは、ソ連にいた人じゃないと感覚がわからないでしょう。例えば四月の終わりになると、ロシア人はそわそわするんです。一一月の初めになると、やはりそわそわする。どうしてかというと、五月一日はメーデーですね。メーデーは事実上、春のお祭りでした。そして一一月七日は革命記念日です。そうすると、その前にバナナの特売がありました。値段は安いんです。バナナを売っているとなると、当時のモスクワ市民は職場を放棄してバナナを買いに行きました。いくらでも買いたいのだけれど、争奪戦になるので一人だいたい五キロまでしか売ってもらえません。

バナナを買ったらどうするかというと、みんな近所に配るのです。そうすると、そのバナナは必ずあとで鶏肉や卵になって返ってくる。ちなみにソ連時代、いちばん安い肉が牛肉、次に安いのが豚肉で、いちばん高いのが鶏肉でした。ブロイラーがなかったですからね。ですからソ連から東京にお客が来ると、焼き鳥とか鶏の唐揚げとか、そういう安い鶏を山ほど食わせて、あとはデザートをバナナにすれば、「私をこんなに歓待してくれるんだ」と大喜びしてくれた（会場笑）。まだ、そういう時代でした。ちなみに当時のモスクワで最先端のブランドはシャープでした。ソニーなんか持っていっても知りませんでした。ロシアには外貨持ち出し制限がありましたから、少ない金額の中で買っていたのがシャープと、時計ならカシオでした。ロシア人に賄賂《わいろ》で渡すのは、シャープかカシオと決まっていたんです。

相互扶助の話でしたね。ソビエトシステムが崩壊しても、ロシア社会は崩れなかったのです。急速な資本主義がある部分で進み、オリガルヒと呼ばれる億万長者があれだけ出てきて貧富の差が大きくなっても、ロシアでは暴動も起きないし、べつに飢えるということもない。それはなぜかといったら、互助制度が発達しているからです。

そしてポランニーの指摘する三番目の経済は、商品経済です。贈与と相互扶助と商品経済の三つが「人間の経済」だとポランニーは考えました。

私の経験からすると、贈与や互助が商品経済と同等の比重で機能しているところって、沖縄の離島にはいくらでもあります。例えば私の母親の故郷である久米島《くめじま》です。沖縄県の県民所得は日本人全体の平均所得の約七割ですが、久米島は沖縄県平均の約七割、つまり七割の七割で四九％。日本人の平均所得の四九％というと、生活はとても厳しいという印象を受けます。ところが行ってみたら誰でもすぐわかるように、非常に豊かな暮らしをしています。理由は、海産物と野菜に関しては誰も貨幣を媒介としないからです。買わなくても、誰かが玄関に置いていってくれる。せいぜいコメと肉を少し買うぐらいで、あんまり食費がかからないんです。そして、家に鍵《かぎ》をかけません。人口八〇〇〇人の島だけれども、警察官は八人か九人しかいないと思います。何か悪いことをしたやつが出たら、空港か港で張っていればいい。沖縄本島から一〇〇キロ西に離れていますから、浜からボートで逃げるわけにもいかない。だから盗人《ぬすっと》なんていませんし、生活保護の不正受給もないし、国民年金の未納者もいない。みんなお互いのことをわかっていますからね。銀行も郵便局も島の人が勤めていますから、誰にどれぐらい貯金があるか全員知っています（会場笑）。

あそこには泡盛の「久米島の久米仙」という会社があって、先代の社長の時に比べて今は売上が二〇〇〇倍増えています。ですから今の社長がインフラ整備とか何とかで、ばらまいている。あるいは大々的にスーパーを経営していたおじさんが、スーパーを全部閉じた。その際、島に一九億円だったかを寄付しました。これ、何の見返りもないのです。選挙に出るわけでも、銅像を建ててもらうわけでもない。でも、それは島の人間ならやらないといけないと思っているんですよね。ですから私も、目に見えない力に従って、ふるさと納税を久米島町に対して毎年やっています。

久米島には贈与も相互扶助もあって、商品経済のウェイトが非常に低いわけです。その上、久米島町の広報紙を読むと、「冠婚葬祭簡素化を推進しましょう」と書いてある。のし袋がとにかく売れるのだそうです。「あんたのおじいさんの五十回忌だ」とか「あなたの従兄弟《いとこ》が大学に入ったそうだな」とか、もっと何だかよくわからないような機会も含めて、みんなで一〇〇〇円とか五〇〇〇円とかおカネのやり取りをしている。こういう土地が日本にもまだあるんです。

ともあれ、商品経済の中だけで暮らしているわれわれと、そういう環境で生きている人たちとは、世の中がまるで違うように見えているでしょう。

一九三〇年代の反復が起きている

ここで、一回目の講義でも触れましたが、日本資本主義論争についてもう一言申し上げます。

今もなお、無意識のうちに講座派と労農派というそれぞれの枠組みの中で、発言している知識人が多いのです。前に説明したように、講座派は共産党系で、天皇制打倒を目指しました。ですから、国体を破壊しようとする団体として大弾圧を受けることになります。それに対して、天皇はもはや大財閥の力学の中に埋没しており、社会主義革命を行うのだと主張していた労農派は、言論の枠内での活動をしていると見なされ、だから最初は弾圧されなかった。そうなると、共産党からすると「労農派なんていうのはマルクス主義陣営を誤らせるための体制の補完物じゃないか、社会ファシストじゃないか」と見えるようになり、「まず労農派を打倒する」となって内ゲバが始まったのです。

講座派は、日本は単なる遅れた封建社会ではなく、絶対主義天皇制の下、官僚と地主がくっ付いて、日本独自のシステムを作っているという考え方です。だからと言うべきか、共産党の人たち、講座派の学者らは、転向した後、天皇主義者になる人がすごく多かった。戦後になっても、共産党系からスタートした知識人たち、例えば読売新聞の渡辺恒雄《つねお》さんなども日本主義的なところへ収斂《しゅうれん》していきます。対する労農派は世界システム論に立っていますから、講座派がこだわる日本の特殊性には無関心です。そして、労農派は転向しないんですね。転向しないで、手に職を持って、ずっと裁判闘争を続けるわけです。戦後においても、世界システム論的な発想をしました。労農派の発想というのは、突き詰めていくと新自由主義的な発想やグローバリゼーションと親和的になっていきます。

ちなみに、現在の論壇人の中で講座派的な思考をせずに、労農派的・世界システム論的な発想をしているのは池上彰《あきら》さんです。彼の思考の鋳型《いがた》は、今の日本の論壇人の中で異質です。これは日本資本主義論争の経緯を見ていればわかる。池上さんは労農派的な発想の持ち主ですよ。彼自身は自分の過去についてあまり語らないけれども、私はあの人に労農派的なバックグラウンドがあると推定しています。というのは、私自身に労農派的なバックグラウンドがありますから、似た匂《にお》いのやつはわかるんですよ、いくら隠したって(会場笑)。

日本資本主義論争なんてものを、なぜ私がねちっこく言うかといえば、この一九三〇年代の思考の鋳型を押さえておくと、現在の日本の論壇の議論などが反復現象だとよくわかるからです。日本資本主義論争というのはけっこう幅が広く、単なる経済の論争だけに留まらず、歴史の論争であり、文学の論争であり、いろんな論争が入ってきていました。文学なんて、日本資本主義論争と何の関係があるのと思うでしょうが、例えば『蟹工船《かにこうせん》』という小説がありますね。数年前ブームになって、新潮社は文庫を売って大儲《おおもう》けした。小林多喜二は著作権が切れていますし、岩波文庫版はそんなに売れなかったから、儲けたのは新潮社だけでした。

前回、現代ならば『資本論』はリカードの『経済学および課税の原理』の盗作だと訴えられるだろうと言いましたが、同じように小林多喜二の『蟹工船』も訴えられるかもしれません。プロットもエピソードも、その数年前に発表された葉山嘉樹《はやまよしき》という作家の『海に生くる人々』によく似ているのです。『海に生くる人々』はプロレタリア文学の傑作中の傑作だと思います。葉山嘉樹には他にも『セメント樽《だる》の中の手紙』とか『淫売婦《いんばいふ》』などの代表作がありますが、全部キンドルでタダで読めますから覗《のぞ》いてみて下さい。日本のプロレタリア文学の中で国際的な広がりがあるセンスを持った人ですよ。

『蟹工船』の中には、不思議な記述があります。ストライキをやったら、その鎮圧に海軍が来た、と書いてある。これはあり得ない話です。天皇制軍隊が入ってきた、みたいな話になっていますが、ストライキの鎮圧は警察の担当であって、軍隊の担当ではありません。『海に生くる人々』では、ストライキにちゃんと水上署が入ってくる。小林多喜二はエリート銀行員でしたから、耳学問でしか船員の生活を知らないのです。だから観念的にしか描けていない。葉山嘉樹は自分自身が船員をやっていますからね、リアリズムで書いている。

葉山嘉樹は、労農派の数少ない文学者です。小林多喜二は共産党に入っていました。

『蟹工船』と『海に生くる人々』を読み比べてみると、講座派と労農派、二つのグループの思考の鋳型の違いがよくわかります。

実証できない語り

今ここで、われわれは『資本論』をアナロジカルに読むことで、現在われわれの周辺で起きていることをさまざまに読み解く基礎力を身につけていこうとしています。一回目の講座の冒頭で「古典を読め」と言いましたが、『太平記』でも『資本論』でも『聖書』でも、古典の読み解きをやって見えてくるものは基本的に一緒です。人間と人間の関係から出てくる社会の構造を、いろんな言葉と手法で語っているのです。

ただし、古い作品を読む時には、二種類の言語があることに注意しないといけない。一つは、客観的・実証的に証明していく言語。客観的・実証的に物事を説明して、その証明をした資料を残すというのは、一三～一四世紀ぐらいからの世界的な流行です。フランスだとカロリング朝ルネサンスあたりからあるから、もう少し早いかもしれない。しかし、それよりも以前になると、客観にも実証にも関心がないのです。ひたすら物語によって語っていきます。

イエス・キリストに関しても、生まれた時に東方から三人の博士がやってきたという『新約聖書』の話など、おかしいと思いませんか。三人の博士は星に導かれて、イエス・キリストが生まれたとベツレヘムにやってくる。それでわざわざヘロデ王のところに、「ユダヤ人の王が生まれたけど、どこにいるか」と聞きに行くわけでしょ。そんなもの、星に導かれて行っているのだから、誰かに聞く必要ないじゃないですか（会場笑）。ヘロデは王様ですよ。その王様に「ユダヤ人の王がどこかで生まれた」と教えたら、「そいつを殺せ」と言うに決まっている。案の定、ヘロデは「あ、私もぜひ拝みに行きたいから」と言って、殺すことを考えた。

今度は、三人の博士に夢でお告げがあるわけです。天使が「ヘロデのところに行くな」とお告げをした。そこでベツレヘムでイエスを見た後、ヘロデに会わずに国へ帰った。しかし、ヘロデはイエスの命を狙《ねら》い始める。

三人の博士のイエスへの贈り物の中には、没薬《もつやく》がありました。死んだ人間に塗る薬をどうして生まれた赤ちゃんのところにプレゼントするんですか。失礼極まりない話でしょ？　だからこれは、マタイ教団の編集者によって全部プロットができていて、そのプロットに則して書かれた物語なんですよ。ヘロデによって迫害をされるというエピソードを入れておかないと、イエスが偉大な力を持った人間だという物語にならない。そしてイエスは、モーセが脱出したエジプトへ一時的に入っていく。これも偉

大さの強調ですよね。没薬を出したのも、いずれ悲劇的な死を迎えるという序章、伏線です。オペラなんですよ、『聖書』って。オペラで史実を語ることはできない。しかし、実証することはできないけれど、何かを伝えようとはしているのです。

これと同じような発想で近代日本の姿を読み解いたのが柳田國男《やなぎたくにお》であるというのが、柄谷行人さんの『遊動論―柳田国男と山人』での主張です。柳田國男は原日本人の宗教感覚について、「死ぬとあらみたまになって、裏の山あたりにいる。そして死者は生者とコミュニケーションが可能であり、死者それぞれに個性がある。それがだいたい五〇年経《た》つと個性がなくなって、祖霊という形になり、一般論としてわれわれを守る」と考えた。そして柳田は「これは証明できないのだけれども、確実に存在するのだ」と言い切っているわけです。

現代のわれわれから見ると、独我論のように見えるでしょう？　柄谷さんは、「山人というものは実証できないが確実にいた」と柳田國男は言っているが、これは決してメチャクチャな論法ではないのだ、と一生懸命説明しようとしています。これはドイツ語で言えばUrgeschichte（原歴史）という、神学の世界でよくある考え方です。こういう物の見方は、客観的・実証的に記述していくことに対して関心を持たなかった時代においては、いくらでもありました。

日本でいうと室町より前の文献は、実証できない語り方になっています。室町以降は実証的になる。そんな時代の分水嶺《ぶんすいれい》が『太平記』です。『太平記』というのはハイブリッドなのです。現代人に繫《つな》がるところもあれば、古《いにし》えの神々の世界に繫がるところもある。日本と中国とインド、つまり本朝《ほんちょう》、震旦《しんたん》、天竺《てんじく》という三大世界論を持っていた時代の、それらをつなぐ蝶《ちょう》つがいでもあったテキストです。

一六世紀にフランシスコ・ザビエルをはじめとする宣教師たちが日本へたくさん来ました。あの人たちは『太平記』を読んで、日本語を勉強していた。マカオで日本語版の『太平記』が印刷されていたんです。教文館から復刻されたのを見ると、当時のカトリック教会が「これは反キリスト教的な書物ではない」と認定しています。その認定をしていないと当時は印刷できないですからね。『源氏物語』や『平家物語』の日本語では通用しないけれども、『太平記』の日本語はそのまま使えたから、宣教師たちはこの本で勉強したのです。

靴クリームが消えた時

マルクスは、もちろん時代がもっと後に下がってきていますから、徹底的に論理の言葉によって物事を読み解いていきます。

『資本論』の第一巻は「資本の生産過程」と名づけられています。この第一巻の前半、岩波文庫の第一分冊に相当する部分を〈流通論〉という形で切り離して考えましょう。この流通論さえわかっていれば、資本主義の基本メカニズムがわかります。

また漆塗りふうに、簡単に説明しますね。共同体と共同体の間から商品が生まれます。商品というのは価値と使用価値があり、二メートルの布と一着の上衣とか、いろんな形で交換されていく。実はその時、商品の中には貨幣が想定されています。私は大量にボールペンを持っていて、時計がほしいから、ボールペン五〇〇本と時計を交換してほしい。しかし、たくさん時計を持っていて、それを売ってもいいと思っている人でも、時計の対価としてボールペンを五〇〇本もらっても困る。あるいは、私はペットボトルの水がほしくなったけれど、水を持っている人に「ボールペンなんか使わないからいらない」と言われる。そこで私はボールペンを一回何かに換えて、その何かを水なり時計なりに換える。必然的にこういう形を取らざるを得なくなる。商品は誰かがいつも必要とするとは限りませんが、〈何か〉は誰でもいつでも必要とするものです。このどこに行っても通じる〈何か〉を『資本論』では一般的等価物と呼んでいます。

一般的等価物は必ずしも貨幣でなくてかまいません。例えば、一昔前までのパチンコ屋で使われていたライターの石でもいいのです。今や完全に警察利権になりましたが、昔の薄暗い両替所ではライターの石をカネに換えてくれましたよね。ライターの石なんて、その用途で使う人は一人もいないけれども、いったん景品としてライターの石をもらう。

私がモスクワに行った頃、一九八八年の終わりから九〇年にかけてのことです。まず八八年に極端なタバコ不足が起きました。ロシア人というのは、私の経験上、すごく我慢強いのです。しかし、ある一線を越えると大爆発します。それはどんな時かというと、四つのもののうち二つ以上が同時消滅した時です。ジャガイモ、黒パン、ウオトカ、タバコ、このうち二つが同時になくなると政権は倒れるんです。この時、タバコ、次いでウオトカが足りなくなった。

まず、ゴルバチョフが節酒令を出したんです。すると、ロシア人というのは極端に走る連中ですから、節酒令がいつの間にか禁酒令みたいになった。いいワインが獲《と》れるブドウの木を根こそぎ潰《つぶ》したり、ビール工場を閉鎖したり、ウオトカを作らなくなった。ウオトカは値段を三倍に上げて、レストランでは午後五時までは出したらいけないことにした。平気でそんなことをしたけれど、ウオトカなしではロシア人は生きていくことができません。

すると、何が起きると思います？ 町中から砂糖とイースト菌がなくなるんです。砂糖にイースト菌を入れて発酵させ、密造酒を作るわけですね。アルコール濃度は六〇度から七〇度にもなりますが、けっこうおいしい。それで、そのうち砂糖がなくなる。次に何がなくなるかというと、ジャムやジュース類がなくなる。次いで、果物やトマトの缶詰がなくなる。そのあたりまではいいんです。その次になくなったのは、歯磨き粉。もう理科の実験ですね、歯磨き粉でもいいウオトカができるとは私も知りませんでした（会場笑）。さらにその次は、オーデコロンがなくなってくる。コロンのメチルアルコールも呑む。

まだ先があります（会場笑）。究極に何が起きるかというと、靴クリームがなくなるんです。靴クリームで作ったアルコールって、私も一回ロシア人にそのかされて口にしたことありますが、これは強烈です。ただの酔い方ではありませんでした。今日は特別にこの作り方を教えますね（会場笑）。まず黒パンを買ってくる。銀座の木村屋に行けば、塊で売っています。それに靴クリームを山盛りのせて、一晩寝かせておく。するとアルコールがパンに染《し》みてきます。クリームをのせたところを切って捨て、残りのパンごとアルコールを摂取する。これ、メチルだから、やったら死なないまでも目が潰れるかもしれませんよ。責任は取れませんが、少なくともフラフラに酔っぱらえます。

そして節酒令の結果どういうことが生じたかというと、アルコール依存症によって死ぬ人間よりも、薬物の摂取などで死ぬ人間の数の方が多くなりそうだという統計が出てきた。慌《あわ》てたソ連共産党中央委員会が「行き過ぎた反アルコールキャンペーンの自粛について」という発表をして、ウオトカは元通り出回るようになりました。エリツィン大統領以降、プーチン大統領もウオトカとタバコは安く潤沢に供給するという愚民政策を採っています。

八八年にタバコがどうしてなくなったかというと、当時はソビエト型分業でしたよね。タバコ葉は中央アジアとかクラスノダールとかあちこちでできるのですが、ロシアのタバコはほとんどがフィルター付きなんです。ピースみたいな両切りがない。そしてそのフィルターは全部アルメニアで作っていたんですよ。アルメニアとアゼルバイジャンの間で民族紛争が起きて、双方の経済が麻痺《まひ》してしまった。その結果、アルメニアのフィルター工場が動かなくなってしまい、タバコができなくなった。このせいで前にも紹介しましたように、アメリカ製の赤いマルボロが『資本論』でいうところの一般的等価物になったんです。とりあえずマルボロに換えて、そのあと何かに換えるというふうになった。

だから一般的等価物は貨幣でなくてもいいのですが、タバコは湿気《しけ》ると価値がなくなってしまいますし、一本の半分というふうな分割ができません。あるいは自動車を買う時に、マルボロ二〇〇カートンとか持って行くのも大変ですから、貨幣になっていくわけです。人類の歴史に即して言えば、石や貝がやがて金や銀になっていったわけですね。

貨幣が金の地金であると考えましょう。それをやりとりしていると、摩耗していきますね。一〇〇グラムの金がやがて九九グラムになる。すると毎回計って、「九九グラムじゃないか」「九八グラムしかない」と押し問答になるのは、面倒くさい。ここで国家が出てくるのです。

国家が「これは金一〇〇グラムです」と刻印をする。これで鋳貨《ちゅうか》ができるわけです。刻印を押された鋳貨は、一〇〇グラムが九九グラムになっても九八グラムになっても、国家が一〇〇グラムを保証してくれるのです。ならば、最初から一〇グラムでも一グラムでもいいじゃないですか。そこから紙幣が出てくる。銀行券は、実のところ少し構成が違いますが、だいたい同じようなものと考えておきましょう。

人生相談の原因は

さて、貨幣ができてくると、こういう構成になってきます。

ここに本がある。私は出版元として、この本を一〇〇〇冊刷った。定価一冊一〇〇〇円。だからこの商品は計一〇〇万円になる。ところが実際にそう機能するかどうかが問題です。「商品は貨幣を愛する。が、『誠の恋が平かに進んだ例《ためし》がない』」からです。商品が、マルクスの言う「命がけの飛躍」をなし遂げて、貨幣になることができるかという大問題がある。貨幣は必ず商品になるけれども、商品は必ずしも貨幣になるとはかぎらない。ここは非対称なんです。

しかし近代経済学では、貨幣って本当に議論されていませんね。どんな本を読んでも、貨幣が力を持つようになった構造について教えてくれません。では、貨幣は財なのでしょうか？　ウィスキーの水割りのグラス一杯、二杯はおいしく呑めるとして、五杯目、六杯目になったらもうたくさんだとなる。リンゴも、一個目はおいしく食べるけど、二個目はお腹《なか》いっぱいで、三個目以降は食べたくない。これが一九世紀終わりの近代経済学の「限界効用は逓減《ていげん》する」という考え方ですよね。

貨幣が財だとしたら、一万円あったら一〇万円も要らないやとなるはずなのに、人間は満足せずにいくらでも欲しがっていくのだから「限界効用の逓減」が起きない。そうすると貨幣はおそらく財ではない。あるいは限界効用の逓減というものが適用されない特殊な財かもしれない。『資本論』は貨幣のこういう性質を、フェチシズムだと呼んでいるわけです。物神崇拝で、モノを神様のように拝んでいるのだと。だから〈守銭奴《しゅせんど》〉と呼ばれる人間が出てくるのです。守銭奴って、ケチではなくて、とにかくカネを持っておきたいという欲望が異常に肥大している人間です。貨幣を集めることによって、自分が無限大の力を得るように感じる。そんな発想なんですね。

人生相談の内容って、カネにまつわることばかりでしょう？「妻が小遣いを減らせと言う」から始まって、教育の問題にせよ、舅《しゅうと》や姑《しゅうとめ》と同居する話にせよ、あるいはガンは切るべきか切らないべきかにせよ、カネがあれば解決できる相談が実は多いのです。ガンと闘うのにはカネがかかりますよ。充分な医療を受けなくていい理屈が欲しいから、〈ガンと闘わなくてもいい〉みたいな本が売れるのです。カネは人間と人間の関係を捻《ね》じ曲げる力をも持っています。こんなものを議論しないですませる近代経済学はやはりおかしいなと思いますね。

カネの変態

ところで、『資本論』とか経済原論その他の参考書類を読んでいると、こんな式が出てくるでしょう?

W―G―W

Wはバーレ（Ware　商品）、Gはゲルト（Geld　貨幣）の頭文字です。

このW―G―Wというのは、さっきから言っていることを表しています。私はペットボトルで水を飲みたい。そこで持っている本を一冊売って、一度カネに換える。そのカネで水を買う。あるいは、私は万年筆が欲しい。本を一〇冊売ってカネを手に入れる。そして万年筆を買う。これでもうおしまいです。必要なものを手に入れて欲望を実現したら終わり。われわれ、この部屋にいるほとんど全員が大資本家ではない。あるいは大規模な寄生地主ではない。ですから、われわれが持っているカネというのは、自分たちの欲望に応じて必要なものを買うことで完結する。そこで止まっちゃう。

ところが、これがカネのほうから始まる場合もあります。図式はこうなります。

G―W―G′（G＋g）

GがG′に変化していることに注目して下さい。

こうなると資本家のものの見方になるのです。カネを持っていて、それでモノを買って、さらにそのモノを売って最初より大きいカネを得る。この場合、目的は価値増殖、つまりカネを増やすことです。価値が成り立つためには、使用価値がないと売れないという消極的な制約要因がある。この他人のための使用価値を持った商品によって、カネをより多く得ていく。そのカネでさらに何かを買って、それを売ることで、もっと多くのカネを得ていく、そんな形で無限運動を続けていくわけです。これが商人資本の基本的な形式です。

いま、〈商業〉じゃなくて〈商人〉と言ったのは、これではまだ資本主義以前の世界の話だからです。カネを持っている人が、このあたりではないどこかの珍しいものを買ってきて、買った値段よりも高くして売る、というスタイルです。これは当然、生活必需品ではありません。金持ち相手の高級品、贅沢品《ぜいたくひん》です。

基本は、カネから始まって、それが商品になってカネになる。G—W—Gですね。しかしこのカネも商品も、実は形を変えているだけです。マルクスは、これを「変態」と言いました。「Metamorphose」の訳が「変態」となっているわけですが、今これ、やっぱり訳語を変えないといけないですね。「商品は変態である」とか「貨幣の変態」とか、なかなかシュールに思う人が出てくるかもしれない（会場笑）。当面は変態と呼んでおきますが、カネが変態を続けながらどんどん増えていく。

利子という魔術

次に、金貸し資本。図式はこうなります。

G……G（G+g）

これ、ちょっと昔の経済原論とか『資本論』の解説書だと、「高利貸し資本」となっていますが、必ずしも高利貸しではありません。「金貸し資本」でいいと思います。〈………〉というのは時間の経過を表しています。利子でカネが増えるわけですね。

こんな経験があります。細川連立政権の時ですが、超党派で国会議員のみなさんがモスクワにやってきました。どの政党とは申しませんが、非常に剛腕な人が強い影響力を持っていた政党（会場笑）、そこの若い議員も入っていた。この人がまったくガラがよろしくない。同時に、履歴がよくわからない。

まず彼に私は「俺は聞いてねえぞ、カジノがこんなところにもあるなんて」と怒鳴られました。「カジノがあるんだったら、ちゃんと持ってくるもん持ってきたんだよ。俺はアメリカ留学中にさんざんカジノで遊んだんだ。とにかくカジノに連れて行け」と、えらい剣幕なんです。

私、態度のいい人と悪い人で、連れていくカジノを変えていました（会場笑）。態度の悪い人を連れていくカジノは、レースクイーンみたいなおねえさんがミニスカートで、キャビアとかウオトカとかガンガン振る舞ってくれる店です。ウオトカで酔わせつつ、ブラックジャックの台で左右をニセの客で挟み、ディーラーと組んで必ずオケラにするという、なかなかおっかないカジノがあったんですよ。そこへ、「先生、それでしたらきれいな金髪娘のいる、素晴らしいカジノがありますからご案内します」と連れて行った。

ブラックジャックをやっていましたが、この人、数をちゃんと聞き取れているのかなという英語レベルでした。アメリカの片田舎に留学して訛《なま》った英語しか知らないから聞き取れないのかねと思って見ていたんですが、ともかくウオトカを呑んだ勢いもあって大負けしたんです。

「スッカラカンになっちまった。お前、大使館はカネ貸してくれるシステムはねえのか」と言うので、私は総括公使のところへ行ったんです。「某先生がカジノですっちまったから、カネを貸してくれと言っているんですが」「返ってくるのかね、佐藤君」「わかりませんね。どうやら元唐獅子《からじし》系の会社にいた人らしいです」（会場笑）。

どうして彼の前歴がわかったかと言うと、「博打《ばくち》やらないのか？」と訊《き》いてきたんです。「いえ、やりませんね」「そうか、面白いのにな」「先生、博打ってどういうふうにやるんですか」「ん？　『丁半揃《そろ》いました』とか、見たこともねえのか？」「そんなの捕まるんじゃないですか？」「大丈夫だよ、そんなの。まずマンションで集まってから、マイクロバスで移動するんだ。現場ではカネのやりとりはしないで、あとで清算するんだから全然心配ないよ」。これはなるほど、プロの見解でした。

ともかく、大使館には〈X基金〉という裏のカネがあります。そこから三〇〇〇ドルをその先生に渡したら、先生はそこから三〇〇ドルを抜いて、私に渡すんです。「はい、利子」（会場笑）。どうもその世界では、お金を借りた時は先に利子を払う習慣があるらしい。しかも一割なんですね。こういうのが金貸し資本（会場笑）。ちなみに、その先生には翌日また怒鳴られたんですよ。「佐藤！ カネ足りねえじゃねえか！ 二六〇〇しか入ってねえぞ」「思い出して下さい。私、三〇〇ドルは受け取らずに返しましたよね。目の前で数えましたね。先生、昨日遊んだんじゃないですか？」「あ！ そうだ！ ゆうべネエちゃんが来たんだった。ネエちゃんに四〇〇渡したわ」「先生、それはだいぶボラれましたよ」（会場笑）。あんまり頭に来たから、『外務省ハレンチ物語』にその人を金田金造先生という名前にしてちょっと書いておきましたけどね。

この金貸し資本、図式に〈………〉があるように、一定の時間がたったらカネが入ってくるという仕組みです。ところがそれ自体は自立した仕組みではありません。間に必ず商人資本が入っているわけです。商人に貸しつけて、その商人がどこかで商売をしてカネを増やして、その一部を利子として返す。そういうふうになっている。

こういう金貸し資本が出てくることによって、魔力が生じてきます。カネは寝かしておいたらダメだ。カネを運用すれば、時間の経過とともに増える。カネがカネを生むんだ。カネの所有が利潤を生むんだ。

しかし、本当はそうではないんだとマルクスは見抜いたのです。最終的には利子は労働力の商品化から導き出されてくるんだ。利子は所有から出てくるのではない。そこを解き明かしたのは、やっぱりマルクスのすごいところなんです。このへんはまた詳述することになります。

革命の鐘なんか鳴らない

とりあえず、ここで『資本論』第一巻の流通論を押さえたことにします。次回から生産論に移ります。

今日は最後に、第一巻の終わりを読みましょう。

何か学問をやる時は、まず入口と出口を押さえるんです。そうしておけば、中はどうとでもなるんですよ。『資本論』全体の出口をやるとは、第三巻の末尾で資本主義の階級性をマルクスがどう論じたかを読むことですが、今日はまず『資本論』の内在的論理の解明に役立たない部分、つまりマルクスが間違えている部分をやっておきましょう。第一巻の出口にあたるところです。

ちょっと時間が足りなくなってきましたから、岩波文庫版第三分冊から「資本主義的蓄積の歴史的傾向」の一部だけ読みましょう。ある意味、ここは『資本論』でいちばん有名な箇所です。

「この生産様式は、破壊されねばならず、破壊される。その破壊、個人的で分散的な生産手段の社会的に集積された生産手段への転化、したがって、多数な人口の矮小《わいしょう》所有の、少数の人の大量所有への転化、したがって、民衆の大群からの土地と生活手段と労働用具の収奪、この怖《おそ》るべき苛酷《かこく》な民衆収奪が、資本の前史をなすのである。それは、一連の暴力的方法を包括するものであって、われわれは、そのうちの画期的なもののみを、資本の本源的蓄積の方法として、考察したのである。直接生産者の収奪は、全く仮借するところのない野蛮をもって、もっとも陋劣《ろうれつ》、醜悪、卑怯《ひきょう》な憎むべき激情の衝動の下に、遂行される。自己の労働によって得られた、いわば個々独立の労働個人と、その労働諸条件との癒合《ゆごう》に基づく私有は、他人の、しかし形式的には自由な労働の搾取に基づく資本主義的私有によって駆逐される」

ちょっと漆塗りをしますよ。資本主義が成立するためには労働力商品化が必要で、ひいては労働者の「二重の自由」が必要でしたね。一つは身分的に解放されているという意味での自由。土地に縛りつけられていないので、どんな職業を選んでもいいし、移動することもできる自由。それからもう一つは、生産手段からの自由。すなわち自分自身の土地や労働用具や原材料などを持っていないということ。この二重の自由があるから、自分の労働力を売ってメシを食べなければならなくなった。

これはイギリスという国で必然的・内在的に起きたことではありません。歴史的偶然によって生じたことなんです。グリーンランドの例を見るとよくわかります。外部に原因があったのです。

グリーンランドって、文字通りグリーンランド（緑の土地）だったんですよ。一五世紀くらいまでは、樹々《きぎ》も草花もたっぷりあった。小麦もできていた。ところが、地球が一六〜一七世紀に急に寒くなったんです。グリーンランドは氷河で覆《おお》われてしまった。それによってヨーロッパ全域で毛織物が必要になり、大流行になった。羊毛でセーターを作る、コートを作るということがすごいビジネスになりました。そのためにイギリスでは農家を全部追い出して羊を飼い始めた。これが第一次エンクロージャー運動、囲い込み運動ですよね。追い出された農民たちが都市へ流れ込んできて、二重の自由を持つ近代プロレタリアートが生まれたのです。

イギリスでは農村は分解されましたが、後発資本主義国においては、先進的な機械を輸入することができるから、農村の完全な分解をしなくても資本主義を成立させることができました。

ここは日本資本主義論争でも重要なポイントになったのですが、後進国日本ではたしかに農村は完全には解体されませんでした。逆に農村が解体されないことが、日本の資本主義にとってたいへんプラスだった。どうしてか？　産業が発達すると、工場で農家の次男坊、三男坊がそこで働ける。景気循環の中で、不況になって工場が閉鎖される。恐慌《きょうこう》が起きる。食っていけなくなった工場の労働者は農村へ戻る。田舎に戻れば農業をして、食っていける。そんな調整弁になったわけです。

じゃあ、先を読みましょう。

「この転形過程が、旧社会を深さにおいても広さにおいても充分に分解してしまえば、すなわち、労働者がプロレタリアに、その労働諸条件が資本に転化されれば、資本主義的生産様式が自己の足で立つにいたれば、労働のさらにそれ以上の社会化と、土地その他の生産手段の、社会的に利用される、したがって共同的な生産手段への、さらにそれ以上の転化、したがって、私有者のさらにそれ以上の収奪は、一つの新たな形態をとる。いまや収奪されるべきものは、もはや自営的な労働者ではなく、多くの労働者を搾取しつつある資本家である」

次のブロックがいちばんのポイントです。つまり、マルクスがいちばん間違えているところです。

「この収奪は、資本主義的生産自体の内在的法則の作用によって、資本の集中によって、実現される。つねに一人の資本家が多くの資本家を滅ぼす。この集中とならんで、すなわち少数の資本家による多数の資本家の収奪とならんで、ますます大規模となる労働過程の協業的形態、科学の意識的技術的応用、土地の計画的利用、共同的にのみ使用されうる労働手段への労働手段の転化、結合された社会的労働の生産手段として使用されることによるあらゆる生産手段の節約、世界市場網への世界各国民の組入れ、およびそれとともに資本主義体制の国際的性格が、発展する。この転形過程のあらゆる利益を横領し独占する大資本家の数の不断の減少とともに、窮乏、抑圧、隷従《れいじゅう》、堕落、搾取の度が増大するのであるが、また、たえず膨脹しつつ資本主義的生産過程そのものの機構によって訓練され結集され組織される労働者階級の反抗も、増大する。資本独占は、それとともに、かつそれのもとで開花した生産様式の桎梏《しっこく》となる。生産手段の集中と労働の社会化とは、それらの資本主義的外被とは調和しえなくなる一点に到達する。外被は爆破される。資本主義的私有の最期《さいご》を告げる鐘が鳴る。収奪者が収奪される」

正統派のマルクス主義経済学者にとって、ここが『資本論』の中でもいちばん神聖な部分です。資本主義が発達していくと、資本家同士の間で競争が起きて、巨大資本だけが生き残るようになる。その巨大資本はグローバリゼーションの中で、少数の資本家が富を独占し、スーパーリッチが生まれてくる。その一方では、窮乏、抑圧、隷従、堕落、搾取がどんどんひどくなって、あらゆる場所で二極化が進んでいく。

そうなると、労働者は堪《こら》えきれなくなり、反抗し、団結し、抵抗する。そこで資本主義は行き詰まる。大きな資本は、もはやその経済規模に対応することができなくなって、資本主義というシステムは爆破され、革命が起きる。資本主義的私有の最期を告げる鐘が鳴り、収奪者が収奪される。かくて、共産主義革命が達成される。共産主義の世の中が来る。

しかし、現実として共産主義の世の中は来ていませんよね。ロシア革命が行われた後、スターリン主義の世の中になって、さらにその後、ロシアには日本なんかよりも激しい形で資本主義社会が再登場しています。だから歴史的にマルクス主義の有効性は失われた、という見方が大多数です。実際に、マルクス主義経済学者たちは軒並み、ソ連の崩壊で自信を失っちゃった。

でも、そもそも『資本論』第一巻末尾のこの宣言は論理的にナンセンスなのだと、最初から宇野弘蔵は考えていました。今日は残り時間の関係で駆け足で言いますが、景気循環の中で、賃金というのは上がることもあれば下がることもあります。それに、生産力が増大していくにしたがって、労働者の生活環境もよくなってきますから、窮乏が起きてくるとは必ずしも言えません。もっとも、資本主義が行き詰まることはあります。それは恐慌という形で現れます。大量の商品が生産されているのに、商品が常に貨幣になるとは限りませんから、つまり誠の恋はおだやかに進みませんから、まったく売れない時もあって、それがやがて恐慌に至ることもある。すると労働者に商品を買うカネがなくなり、貧困という状況は生じる。しかし、そんなことはイノベーション、新技術の開発によって基本的に乗り越えていくことができる。労働者が窮乏化する必然性はない。資本主義は爆破されず、崩壊もせず、あたかも永続するかのごとく生き延びていくのだ、というのが宇野の考え方です。

時間ぎりぎりになりましたので、今日の課題を発表します。一つは、「商人資本と金貸し資本について簡単に定義し、その共通性と差異を簡潔に説明して下さい」。

二番目の宿題は、「窮乏化法則は妥当するかどうか」。向坂逸郎は、宇野学派と違う答えを出しています。共産党系もこちらの考え方を取るんですが、「窮乏化というものはあって、労働者階級の抵抗がますます強くなっていけば、資本主義は必ず崩壊するんだ」と。左派・リベラル派は、理論的に破綻《はたん》しているこの窮乏化理論に乗っかって、異議申し立て運動をしようとしてきました。だから、必ず負けてしまいます。資本主義のイノベーションの力を過小評価しているからです。もっと言えば、成長戦略として本当に経済成長を狙《ねら》うのであれば、いったん景気を最悪の状態に持って行って、大イノベーションを起こすことだって考えられるのです。宇野弘蔵が、ちょっと難しい言葉でこのへんのことを書いています。

私が檻《おり》から出てきた後、岩波書店から宇野弘蔵『恐慌論』が文庫化されました。かなりネチネチした文体で書いているのですが、これは取り組む価値のあるいい本です。恐慌は好況期の直後に起きる、と宇野は言うのです。資本が、機械や原料などほかの生産手段と違って、労働力を任意に作り出すことができない以上、好況期には労働力不足が起きて、賃金は高くなる。その結果、資本家がいくら生産をしても利潤が出なくなり、恐慌が起きる。資本は十分にあっても、社会システムがそれをうまく消化できなくなる。資本が過剰になってしまうからです。恐慌が発生し、会社は倒産し、失業者はあふれる。その状況下で、個別資本は利潤拡大のために技術革新を行い、生産手段を更新する。そうして、徐々に景気は回復し、やがて好況になり、必然的かつ円環的に恐慌が来る。舌足らずですみませんが、これは次回、もう少し詳しく説明します。さて、もう時間は過ぎていますので、お帰りになる方はご遠慮なく席を立たれて構いません。また、質問がある方はお伺いします。

〈質疑応答〉

受講者H　数年前にフランスの高級ブランドのルイ・ヴィトンの広告塔にゴルバチョフが抜擢《ばってき》されましたが、あれは単なる商業的なイメージを狙ったのか、それとも何らかのサインを世界中に発したかったのでしょうか？

佐藤　ルイ・ヴィトンが何らかの政治的なシグナルをロシアに送ったということでは、たぶんないでしょう。しかも商業的にロシア狙いというわけでもないと思います。というのは、ロシアでゴルバチョフが出てくるのって、日本だったら菅直人さんを何かの広告に使うのと同じような宣伝効果だからです（会場笑）。

ただ、この話題も『資本論』との論理と絡《から》むんですよ。宣伝が、なぜ価値を作りだせるのか？ 明らかに労働と直接対応していないような価値が出てくるわけですよね。これは『資本論』の中でも、擬制資本などとも絡んでくる、けっこう難しい問題です。この問題を別の形にしますと、現代音楽をやっている人たちからすると、不協和音を使った無調の短い時間の音楽が主流になっているから、マーラーとかベートーヴェンのような長たらしい交響曲などは、仮に作曲することはできても、作曲しない。そんなものは売れるはずがない。にもかかわらず、全聾《ぜんろう》で頭痛持ち（会場笑）、それで両親が被爆者である人が、広島に対する祈りを込めて曲を作るとなぜかビックリするほど売れてしまう。

ところが音楽は、その楽曲で評価されるならば、仮にその人が大うそつきであろうが、あるいは誰かに代作させていようが、本質的な問題ではないはずなのに、大変なバッシングが起きる。これを経済現象として説明する時、『資本論』とどう繋げて、どこで切断するか、なかなか面白い問題ですよね。人間の心理の中にある、被爆者や障害者や被災者への同情や共感などを貨幣に転換することができるのです。資本主義では、ありとあらゆるものを貨幣に転換できますからね。これがカネになると思えばどんどん商品化をしていくという、極めて現代的な現象です。

受講者Ⅰ　この講義でたびたび名前の出てくる柄谷行人さんですが、最も入門的なものを挙げて下さいませんか。

佐藤　いちばん初めに読んでおくといいのは、岩波新書から出ている『世界共和国へ』です。彼は基本的に自分が過去に書いたものを読み直さない人ですから、最新のものを読んだほうがいい。今だと最新なのは今日の話に出た文春新書の『遊動論―柳田国男と山人』ですね。あと三冊挙げておくと、面白い順で『世界史の構造』、その次に『哲学の起源』、それから冒頭に紹介したきわめて優れたレポートに引用されていた『トランスクリティーク』。

柄谷さんの著作は、『隠喩《いんゆ》としての建築』や『トランスクリティーク』などがマサチューセッツ工科大学の出版局から英語で出ていまして、英語で読まないまでも、アメリカのAmazonのレビューを見ると、国際的に柄谷さんがどういう受け止めをされているか、よくわかります。柄谷さんの本に関しては、「カネ返せ」って感じになる本は一冊もありませんよ。

宇野弘蔵の問題意識を叩《たた》き潰《つぶ》そうとしていたのが廣松渉ですが、廣松さんのお弟子さんで、熊野《くまの》純彦《すみひこ》さんという東大の先生がいます。私と同世代じゃないかな。この人が最近、『マルクス　資本論の思考』という本を出しました。やはり宇野弘蔵に嚙《か》みついているのだけれども、宇野の枠に完全に呑み込まれているという、その逆説性が面白いです。最近の若手の世代はどんなふうに『資本論』を読んでいるのか、柄谷さんに関心があるのでしたら、このあたりの本も読んでみるのもいいでしょう。

4 われわれは億万長者になれない

模範答案ふたつ

早速、レポートの答案からやりましょう。

これは前回も紹介した人ですけれども、この人は非常によくできていて、あえてチャレンジングな形で書いています。「商人資本と金貸し資本の定義、その共通性と差異について」の課題についてです。

「商人資本とは『商品の時間的、場所的価格差を利用して利潤を得る資本形式』である。最も単純な形式として、商品を安く買って高く売ることである。G―W―G′というのが商人資本形式。一方、金貸し資本とは『他の資本などに貨幣を貸し付け、一定期間後に利子として貨幣を回収し、利潤を得る資本形式』である」

定義は完璧《かんぺき》ですね。

「(金貸し資本は)他の資本に寄生することで利潤を得る」

これも完璧で、金貸し資本というのは、自分自身で価値増殖をする根拠を持っていません。産業資本でも商人資本でもいい、そういったものに寄生するんです。

「G—W—Gが短縮されて、媒介のない簡潔体としてG……Gが金貸し資本形式として表示される。

これら二つの形式の共通性と差異としては、以下のように述べられる。直接に流通過程内部に存在する資本の商人資本的あるいは金貸し資本的形式は、商品経済としては合理的根拠を持たない。商人資本形式では、同一商品を安く買って高く売り得る限りで価値増殖し得るにすぎない。したがって、その価値増殖は偶然的、個別的事情によって影響され、その利潤も個人的能力や投機によって定まることとなる」

そのとおりです。「商人資本」は「商業資本」ではありませんからね。商業資本というのは、資本主義的な生産が行われる時、商品をどうやって流通させていくかという中で出てくるものです。

商人資本というのは、資本主義以前からある形態で、どこか遠い所、例えば中国で茶碗《ちゃわん》を買って、シルクロードを通って持ち帰り、ベネチアで売る。地域の差を利用して、珍しいものとして高く売るというやり方ですよね。そこで得られる利潤は、レポートにある通り偶然的なもので、個人の能力や投機によって定まることになります。ただ、商人資本と商業資本が面倒くさいのは、区分しにくいのです。資本主義というのはつねに投機によって儲《もう》けていこうとします。資本家が労働力商品を搾取《さくしゅ》することによって利潤を得ていく動きと、売る時は騙《だま》してでもいいから少しでも高く売ってやれという動きが合わさっていますから、理論的には区分できても、現象的には区分しにくい。

その意味では、金貸し資本と銀行資本も似ているところと似ていないところがあります。金貸し資本というのは、誰かにカネを貸して、時間が経《た》つ。その時間の経過の間に、借りた誰かが商売をして儲ける。その一部を利子として返す。こういう構成ですよね。サラ金は金貸し資本です。サラ金で店の運転資金を借りたらダメですよね、利子が払いきれなくなっちゃう。それに対して銀行の信用貸付というのは、資本システムが回る範囲の中での利子です。ただし、現象的にはすごく似ているわけです。

この人のレポートを続けましょう。

「『資本論』においては『貨幣の資本への転化』という場合に、その転化がいかに行われるかという説明、移行の問題が残されていると考えられ、歴史的な説明を与えているという点と、資本主義の現象的な事実によって説明するという点とが、二重になって説明されているような叙述が行われていることにより、さまざまな論者から種々に議論されている、とされる。

例えば宇野弘蔵氏による〈資本の三形式〉として資本形態論が展開され、またその反論として佐藤金三郎氏から『商人資本や金貸し資本はそこでは直接に問題にする必要がなく、産業資本の派生的形態として考えればよい』などの批判がなされている」

佐藤金三郎は大阪市立大学で長く教えていた人で、正統派のマルクス主義経済学者の中では最も優れています。宇野弘蔵の問題意識をきちんと踏まえた上で議論を展開しようとしたのですが、最後は『資本論』の論理から離れて、『資本論』の草稿『グルントリッセ』(『経済学批判要綱』)の立場に移っていきました。寡作《かさく》で、あまり本は書いていない人ですが、教師として優秀でした。青林書院新社から出ている『基礎経済学大系』シリーズの中の『マルクス経済学』という巻があります。これは正統派の立場、宇野派の立場、それらを踏まえた佐藤金三郎さんたちのグループの立場を押さえ、初期マルクスとか帝国主義論や現代資本主義の分析などもあり、すごくいい教科書です。

　それから、うんと短いものでもよくわかっている答案というのがあります。例えば「窮乏化法則は妥当するか」の方を選んだ人で、満点を付けたものです。

「生産手段および労働力の素材的な組み合わせが、技術進歩によって変わる場合に、不変資本の可変資本に対する比率がどう動くかは簡単には言えない。その比率が上昇する場合を、マルクスは『資本の有機的構成の高度化』と呼ぶ。有機的構成の高度化によって、労働力への需要を相対的に増大させずに資本蓄積を進展させうる。

マルクスは、資本構成の高度化をともなう蓄積によって、相対的過剰人口が累進《るいしん》的に増大し、さらに極貧者や被救護貧民が増大して現役労働者の賃金を圧迫し、その生活の絶えざる窮乏化を進行させるということを、資本主義的蓄積の一般的法則として説いている。

しかし理論的には、好況期には一般に賃金が上昇して、労働者の生活水準も上昇しうるのであり、資本蓄積と生産力の状態に対応した生活水準が積極的に形成されうるのであって、ただその限度が、好況から不況への賃金下落によって画される、ということである」

　パーフェクトですね。これは大内秀明さんと鎌倉孝夫さんの有斐閣新書『経済原論』をベースにしてまとめてありますが、これでいいんです。

便利な名著『資本論辞典』

『資本論』や経済原論のような本を読む時、用語を調べたり、あらためて『資本論』にあたったりするのは大変でしょう。そこでアンチョコを紹介しておきます。

青木書店から一九六一年に出た『資本論辞典』。青木書店というのは極めてユニークな左翼系の出版社です。今は大月書店からでも、必ずしも日本共産党の立場と同じでない本も出ます。しかし一昔前は日本共産党系の、つまり共産党員が経営している出版社からは、党の方針から外れた本など絶対に出ませんでした。ところが青木書店は、共産党系の出版社であるにもかかわらず、共産党の方針に一致しない本もけっこう出しているんです。この青木書店の社長の娘さんが、七三一部隊研究の本などを出した青木冨貴子さん、「ニューズウィーク日本版」のニューヨーク支局長だった人ですね。

この『資本論辞典』、のちに縮刷版も出ています。私の相場感覚で言うと、古本屋で二〇〇〇円以内だったら買っていいと思う。特に狙《ねら》い目なのは、図書館廃棄本です。図書館廃棄本は、だいたい製本をテープで補強してあるから辞典として使いやすいんですよ。

序文が非常にしっかりしています。

「たしかに《資本論》は難解の書である。それはたんに、この著作が厳密な方法論にしたがって構築された巨大な論理的体系をなしており、これを首尾一貫して統一的に把握することなしには、その真意を把握することができない、というばかりではない。マルクスはその論理を展開するにあたり、各種の経済的範疇《はんちゅう》・概念を固定的に定義していない」

ここ、重要です。「固定的に定義していない」というのは、マルクスは概念をコンテキストによって意味を違えて使っているということですよね。

「事物とその相互関連は、固定した不動のものとしてではなく、変化するもの、発展するものとしてとらえられ、したがって諸概念もまた変化し発展するものとして使用されている。たとえば〈資本〉という概念あるいは〈価値法則〉という概念を例にとってみてもわかるように、それらは《資本論》中のあるページ、ある箇所を孤立的に他との関連なしに読んだのでは、とうていその概念のふくむ真意を理解しうるものではない。それは《資本論》全巻を通して論理的形成の過程において展開されるマルクスの叙述を追い、前後の脈絡をつけてはじめて十分に理解されうるものである」

この辞典の編者は久留間鮫造《くるまさめぞう》、宇野弘蔵、岡崎次郎、大島清、杉本俊朗です。久留間鮫造は共産党系で有名な先生で、宇野弘蔵はもうご承知の通り。そして岡崎次郎がまた面白い人なんです。この人、大月書店版の『資本論』の翻訳者です。岩波文庫版の向坂逸郎訳の下訳もしています。一九八三年に『マルクスに凭《もた》れて六十年──自嘲《じちょう》生涯記』という本を出しました。この中で「俺はマルクスの翻訳で大儲けした。大月書店から印税五億円ぐらいもらった。しかし、もうカネはない。まったく残ってない。どうしたらいいんだろう」というようなことを書いて、対馬忠行《つしまただゆき》という労農派の先輩のマルクス経済学者が播磨灘《はりまなだ》を航行中の客船から身投げをして自殺したので、「先を越された」と。そして、「西のほうに行く」と言い残して、奥さんと二人で失踪《しっそう》しちゃったんです。行方はわかりません。

この『マルクスに凭れて六十年』、彼は法政の先生でしたから、法政大学出版局から出るはずでした。ところが「法政大学はいかにひどい大学か。学生運動で暴れている中核派の学生たちは、単純暴力行為として警察によって捕まえるべきだと私は教授会で最初から主張していた。それなのに大学はずっと弱腰の姿勢だった。まったくなってない」なんてさんざん書いたので、法政大学出版局が「書き直してくれないと出せない」と言ったんですね。「じゃあもう出さないよ」と岡崎先生がむくれていたら、青土社が出してくれたという曰《いわ》くつきの本です。古本市場で一万円ぐらいしますが、それでもアッという間に売れてしまいます。

それはともかく、『資本論辞典』ですが、共産党系と宇野系、そして労農派と講座派が一緒になって作った珍しい辞典です。

今回の課題であった窮乏化法則に関しても、われわれは宇野的な見方で考えているけれど、じゃあ正統派のほうはどういう位置づけをしているのか、この辞典で調べてみるとよくわかるんです。宇野は編者として名を連ねていますが、それぞれの項目は当の執筆者の考え方を尊重している。今日はその「窮乏化」の項目のコピーをとってきました。

もうひとつ、いま読んだ序文もそうだけれども、耳で聞いても言っていることの意味がよくわかるでしょ。最近の本の序文なんて、読んで聞かされても何を言っているかよくわからないものが多いですよね。やはり、一九六〇年代あたりは、本を出すという行為のハードルがものすごく高かったことがわかります。

本当に窮乏化するのか

では、『資本論辞典』の「窮乏化」の項目を読んでいきましょう。

「窮乏化 Verelendung 資本主義的生産においては、資本の蓄積がすすめばすすむほど、したがってまた労働の生産力が発展すればするほど、その内的必然の法則にしたがって、労働者階級の生活水準や労働条件はますます悪化し、相対的にも絶対的にも貧困化することをいう」

ちょっと一言。「生産力が発展すればするほど」とか「内的必然の法則にしたがって」とか、こういう魔術のような言葉を見たら、これが正統派、あるいはスターリン主義の影響で書かれているのがわかります。続けますね。

「利潤と労賃の対抗関係にみられるように、もともと資本家と労働者の利害は根本的に対立する。もし資本が急速に増大すれば、労賃は騰貴《とうき》し、『労働者の物質的状態は改善されよう』。しかし、このような労働者階級にとって『もっとも好都合な状態』でさえも、両階級の『利害の対立を止揚することはない』。また労賃も騰貴するが、『資本の利潤は比較にならぬほど迅速に増加する』ので、その結果『労働者を資本家から分離する社会的間隙《かんげき》は拡大され』、労働者階級の『社会的状態は犠牲』にされる。このように労働者階級は、資本家階級と比較して相対的に窮乏化するだけではない。資本蓄積の内在的・必然的法則によって、絶対的にも窮乏化せざるをえない条件のもとにおかれている」

この論理は、スティグリッツなんかが最近唱えている、九九％の人たちが貧困になっていくんだという〈一対九九〉の論理と非常に似ていますね。彼などが主張するのは、要するに、「新自由主義者が言うトリクルダウン効果なんて、ほとんどない。現に、リーマン・ショック後も富の再分配が行われた結果、上位の〇・三％ぐらいの富裕層に集中して、中産階級がなくなっていっている。格差がどんどん大きくなっていくと同時に、貧困層は絶対的な貧困に転化して、はい上がれなくなる」というものです。近代経済学の中でリベラルと見られている人は、意外とスターリン主義的な、正統派のマルクス主義経済学者が言っていたような理屈をけっこう使っているんですよね。

原テキストという問題

急に余談になりますが、中世の大学では、図書館は学生に本を一冊しか貸してくれませんでした。学生がその一冊を暗唱できるまで完全に読み終わって、内容を理解していることを教授がチェックしたら、ようやく二冊目の本を貸してくれる。紙が非常に高価だったからですね。

そして大学の授業のほとんどで、学生に本は与えられません。先生が本をゆっくりと読み上げるのを書き写すのが授業でした。ただし、先生は教科書をそのまま読まない。自分が違うと思ったら、どんどん改竄《かいざん》しながら読んでいく。中世において改竄という発想はありません。おかしいと思ったらどんどん原文を書き直していくのです。

現代では、原テキストを固定していくという発想になっています。先ごろ『アンネの日記』の損壊問題が東京のあちこちで起きて深刻な問題になりました。あの『アンネの日記』の原テキストには、ボールペンの書き込みがありました。ボールペンが一般に使われるようになったのは一九五〇年代に入ってからなので、アンネ・フランクがボールペンを使ったわけはないのです。しかしこのことと『アンネの日記』が改竄文書だという話は、全然違います。おそらくはアンネの親族の人たちが、アンネはこういうふうに考えていたと、真意がより伝わる形で加筆したのでしょう。中世でこういうことはよくありました。改竄とは何か、意外と難しいのです。

あるいは、佐村河内《さむらごうち》某のゴーストライター作曲問題にしても、中世においては誰が作ったかなんて誰も関心を持たないから、問題にされなかったでしょう。例えば中世の宗教画には画家のサインがない。ロシア正教会のイコンはいまだにサインがありません。目の前の作品にしか関心がないのです。

横道に逸《そ》れましたが、中世の大学よろしく「窮乏化」の項目を読み上げますね。

「もともと剰余価値の生産方法は、同時にまた資本蓄積の方法であり、逆に資本蓄積の拡大はすべて剰余価値の生産方法を発展させる手段となる。たとえば機械の採用にみるように、労働の社会的生産力を高め、剰余価値の生産を増大させるあらゆる方法は、労働者の再生産費をいちじるしく切下げるばかりか、労働日を延長し、労働を強化する」

「労働日」というのは変な言葉だけれども、労働時間のことです。機械を入れていくのは、労働者の生活を楽にするためではなく、それによって賃金をできるだけ払わないでいいからだ、というわけです。そうすると、それに反発する運動で、機械打ち壊し運動、ラッダイト運動みたいなものが出てくる。機械が悪いのではなくて、機械を資本主義的に使っていることが問題なのですが、「機械が入ってくるから俺の仕事がなくなるんだ」と機械を打ち壊していったわけです。

絶対的剰余価値の生産を増大するにはどうしたらいいかと言えば、労働時間を延ばしていけばいい。ところが労働時間というのは、一日に二四時間以上延ばせないわけです。おそらく二二時間ぐらい働かせたら、人間は死にます。人間は生物であるという限界がある。それで技術革新を行う。それによって、労働時間は変わらない相対的剰余価値の生産を行っていく。個別の資本は、自分のカネ儲けのことだけを考えていく中で新技術、例えば新しい機械を開発するんです。そうすれば一定の期間は特別の利潤、超過利潤を得られる。しかし、ほかの資本もみんな追いついてきます。そうするとまた新しい技術を作っていく。

「労働は簡単化され、労働者の妻子まで『資本のジャガノートの車輪のもとに投げこみ』、労働者を機械の召使・附属物の地位に引下げ『部分的な人間に不具化する』。こうして、資本の『狭量陰険な専制』のもとでの労働者階級の『絶望的な従属』が完成される。このように労働の生産力を高める方法は、労働者の犠牲において行なわれ、彼らを支配し搾取する手段となるが、その成果としての剰余価値の増大は、資本の蓄積を促進する。ところが、資本の蓄積は資本の有機的構成を高度化し、労働の生産力をいちだんと高める。その結果、絶えず増大する生産手段がしだいに減少する労働者によって動かされるようになり、いわゆる相対的過剰人口（産業予備軍）がつくりだされる。この失業者軍は、蓄積がすすみ、労働の生産力が高まるほど、絶対的にも相対的にも増大する。したがって、（1）失業者軍の数が現役労働者軍に比較して大きくなるほど、『固定的過剰人口』、または『その労働者に反比例して窮乏する労働者層』はますます増大し、また公認の被救恤《ひきゅうじゅつ》貧民の数も増大する。さらに（2）現役労働者軍の労賃も下落し、ますます窮乏化する。彼らの労賃は、労働の簡単化にもとづく再生産費の切下げによって下落するだけでなく、『より簡単でより低級な仕事』へ追放され避難することによって、またますます増大する失業者軍との激しい競争によって、いよいよ下落せざるをえない。さらに周期的に来襲する恐慌《きょうこう》が彼らをうちのめす。『上品であると同時に野蛮な支配者たる資本は、彼の奴隷《どれい》の死体を、恐慌で没落する全犠牲労働者を墓穴に引ずりこむ』。このように労働者階級の状態は、資本の蓄積につれて、その労働賃銀の高低にかかわらず、絶えず悪化せざるをえないのであって、これが資本主義的蓄積をつらぬく『絶対的・一般的法則』にほかならない。しかもこうした蓄積の機構は、たんに相対的過剰人口をうみだすだけではなしに、その過剰人口を蓄積のテコとして自由自在に利用し、これを蓄積の範囲および精力とつねに均衡を保たさせる。このように労働者の数を資本の価値増殖欲望に適合させる機構は、『ヘファイストスの楔《くさび》がプロメテウスを岩に釘《くぎ》づけしたよりも、いっそう固く労働者を資本に釘づけにし』、『資本の蓄積に照応する貧困の蓄積』をもたらす。こうして一方の極（資本家階級の側）における富の蓄積は、同時にその対極（労働者階級の側）における『貧困・労働苦・奴隷状態・無知・粗暴および道徳的堕落の蓄積』となる」

世の中は富める者と貧しい者とに二極化し、真っ暗で、いいことは何もなくなる、というわけです。けれど、人間には反発心があるから、もうこれ以上堪えられないとなったら、爆発するんだ、と。こういう発想は、どちらかというとアナーキズムの発想ですよね。しかし、資本主義システムの中できちんと回っていると、抵抗なんてしませんん。「こんなものなんだ」と、みんなで思うようになる。そこのところを無視した議論になっています。

でもね、三〇年ぐらい前まで、あるいはソ連が崩壊する頃まで、こういう記述を読んだら、「うおお！」と興奮する人たちがいたのです。「俺たちはどんどん窮乏化していくんだ、ひどい状況に置かれているんだ、立ち上がらなくては」と妙に熱くなって共感する人がたくさんいました。実際には、高度経済成長の中で日本人の生活水準はきちんと上がっていたのだけれども、そこを認めることができずに、ずっとそんな興奮の仕方をしていたから、左翼陣営は負けてしまったのです。

あたかも永続するかのごとく

じゃあ、最後の部分。

「このような労働者階級の窮乏化は、資本主義的蓄積の絶対的・一般的法則によって、もたらされる必然的結果であるが、この法則も『その他のすべての法則と同じように、その実現にさいしては種々の事情によって変化を加えられる』。たしかに、労働者階級の『窮乏・抑圧・隷従・堕落および搾取の度合』は、資本の集中、すなわち少数の資本家による多数の資本家の収奪にともなう大資本家数の減少につれてますます増大するが、それと同時に、生産手段の集中にともなう『労働の社会化』もすすみ、資本主義的生産過程そのものの機構によって『訓練され、結集され、組織される労働者階級の反抗も増大する』。したがって、このような反抗によって蓄積の法則は修正され、窮乏化の作用も緩和ないしは制限されることになるが、資本主義的蓄積が、したがってまた資本主義的生産様式が存続するかぎりでは、窮乏化の必然的作用を排除することも、止揚することもできない」

これでおしまいですが、やっぱり論理が破綻《はたん》しているでしょう？　窮乏化が進んでひどい状態になっていくけれども、それが現れないのは人間の反発心があるからだ。だから、窮乏が顕在化していないだけだ。しかしそれゆえに資本主義が続いてしまうのならば、論理からすると、悪くなれば悪くなるほどいいという理屈になりますよね。中途半端《はんぱ》な反発をして、資本の方が譲歩して賃上げなんかをすると、革命が遠のいてしまうから、もっと悪くなれ。そんな発想が見え隠れするわけです。

宇野弘蔵の考え方はこれとは違います。前回の終わりに手短かに説明したことを、丁寧に漆塗りしますね。宇野は、労働力が商品化された状況では、景気循環の中で賃金が変わってくる、と言うのです。資本主義は儲けるための運動なのだから、生産をどんどん拡大していく。そうなると、生産に合わせて機械や原材料もどんどん増やしていけるのだけれども、労働力だけは任意に増やすことができない。となると、市場の中で賃金が上がってくる。ある段階まで行くと、資本家が儲からないほど、労働者の賃金が高騰してしまう。そこから生まれてくるのが恐慌です。これは資本の過剰で起きるのです。投資するお金はたくさんあるのだけども、もう儲ける先がなくなってしまう。

では、恐慌になったらどうするか、誰か頭のいい発明家が、イノベーションを起こすのです。より少ない労働力で同じ商品を作ることができるようになる。あるいはイノベーションによって、今までまったくない形での需要を生み出すことができる。恐慌を経ることでイノベーションを起こすという形で、資本主義はあたかも永続するかのごとく続く。いったん労働力の商品化が起きてしまったならば、それはずっと続くのだ、というのが宇野の理屈です。

とりわけ重要なのは、「あたかも永続するかのごとく」の「あたかも」という言葉なのです。いま述べたような資本主義社会の構造に気づいたら、いつの日かわれわれは、もしかしたらシステムを転換できるかもしれない。ただし、システムはメカニズムと違いますから、機械みたいに簡単に換えるのは難しいのだけれども。

ビットコインは成立するか

しかし、資本主義が続くかぎりにおいては、資本自身がぐいぐいと価値増殖を進めていくのです。人間は、資本が自ら膨れあがっていく、その論理に付き合わされてボロボロになっていく。これがイデオロギー的に裏返しになるとどうなるか？　例えば、堀江貴文《たかふみ》さんです。堀江さんは人間的に魅力のある人です。私も何度か会ったことがあります。でも、また捕まると思うな（会場笑）。どうしてかというと、彼が考えていることは、基本的には世の中から貨幣をなくすとか、国家をなくすとか、そういう方向だからです。彼と話した時、私は彼が捕まった理由がよくわかりました。彼は、「ライブドアの株をできるだけ分割していって、やがてライブドア株で大根を買えるようにしたい」と言っていました。これは国家の通貨発行権を簒奪《さんだつ》することですから、国家は絶対に許しません。堀江さんはアナーキーなんですね。これは何も彼の個性ではなく、彼が体現するところの資本が本質においてはアナーキーなものだからです。資本にとって、国家は不要です。

ところが、貨幣には国家が必要なんですよ。前回少しだけ話しましたね。貨幣をとりあえず金とする。金は、使っているとすり減る。一〇〇グラムの金がすり減って九九グラムになったかどうか、いちいち計っていたら貨幣として機能しないわけです。

だから、金一〇〇グラム相当の貨幣であるという形で、国家が刻印を押して済ます。これが鋳貨《ちゅうか》ですね。鋳貨を生み出すことによって、国家は本来、外側にある存在なのに、経済プロセスへと関与してくるのです。貨幣は国家なくしてあり得ないことが、『資本論』の論理からわかってきます。

そうすると最近、問題になっていますが、ビットコインは成立するのか？（二〇一四年二月、ネット上で流通する仮想通貨「ビットコイン」の世界有数の取引所「マウント・ゴックス」が突然サービスを停止し、破産した。一方で、ＭＩＴでは学生五〇〇〇人にビットコインを配るなど、依然注目度が高い）

仮にああいう仮想通貨を通貨に準ずるという形で認めるならば、安愚楽《あぐら》牧場の牛はどうなるんですか。あの牛だって、同じような金融商品としての扱いをしないといけなくなる。そうしたら世の中にある森羅万象のすべてのものが――ビットコインはバーチャルなものですけど――、『資本論』の言葉で言えば一般的等価物だという扱いを受けることになってしまう。

しかし、ビットコインは『資本論』の定義では貨幣ではない。『資本論』の定義では、貨幣は人間と人間の関係から一般的等価物として生まれるだけではなく、金なり銀なりのモノに裏打ちされていないといけない。マルクスはそういう考え方をしています。ただ、「なぜモノに裏打ちされないといけないのか?」という論理を詰めていくと、「そうなっているから、そうなっているのだ」という同語反復になってしまう。いちばん重要な事柄はいつも証明できずに、トートロジーになるのです。

マルクスはそう言うけれど、国家の裏付けがあるならば、べつに裏打ちするモノがなくても貨幣は作れるのではないか、という議論はあります。柄谷行人さんと岩井克《かつ》人《ひと》さんは、かつては同じ発想をしていました。彼らの対談で言っていましたが、貨幣は一種の共同主観性、間主観性のものであり、みんなが「これは貨幣だ」とさえ思えば使えるのだから、実体的なもの、例えば金の裏打ちはなくてもいいと二人とも考えていた。この論理だとビットコインは成立しますね。柄谷さんも、岩井さんの『貨幣論』と同じ立場の貨幣論者だったわけです。だから、NAMの運動では、インターネットの仮想空間の中で貨幣を作ることを考えたのです。

ところが、柄谷さんのNAMの運動は破綻してしまった。その時に彼は、貨幣には実体がないとダメなのだと気づいたのではないでしょうか。最近の柄谷さんは、「おうみ」という滋賀県できちんと回っている原資担保型通貨に注目するようになっています。だんだんと彼の考え方は変わってきて、前回触れた『遊動論』などに見られるように、宗教とか実念論的(リアリスティック)な方向へと傾斜してきています。例えば柳田の言う〈祖霊〉というのは実体（リアル）ですよね。亡《な》くなった人は現実にいたのですから。そして、かつての日本人はみんな祖霊の存在を信じた。

柄谷さんがポストモダン的な方向からより伝統的な哲学へ回帰していったポイントは貨幣論にあると私は思っていますが、ちょっとここのところはまだオープンエンドにしておきましょう。いずれにせよ、いまのビットコインをめぐる騒動は、哲学的な深い問題を孕《はら》んでいます。何かモノに依存しないところで貨幣のようなものを作れるのかどうか？　最終的には、私は「作れない」派です。

自分の文体を見つけよう

さて、『資本論』に戻りましょう。

今度は『資本論』第二巻の前半、岩波文庫の第四分冊を読んでいきます。この講座では、『資本論』を山脈と見て、この山の頂きからあの山の頂きへとヘリコプターで移っていきながら、とにかく山脈の全体を見渡してもらおうと考えています。『資本論』を読み返して、どこを抜き出せば本質がわかりやすいか、すごく苦労してピックアップしてきました。

第二巻はもうご存じのように、マルクスが生前に刊行できなかった原稿を、エンゲルスが非常に悪筆で読みにくいマルクスの字を解読しながら、編纂《へんさん》したものです。文体が全く異なっていて、役所の報告みたいに簡潔といえば簡潔、無味乾燥といえば無味乾燥きわまりない文体になっています。ということは、マルクスの思想を正確に伝えていないことだけは確かです。文体は思想です。メールでやりとりをしていて、恋人の語彙《ごい》体系が変わったり、あるいは表現の方法が変わったりした時は心変わりの徴《しるし》だとは前に述べましたが、これは思想家でも同じです。マルクスの文体は二回変わっています。初期の『経済学・哲学草稿』や『ユダヤ人問題によせて』の頃の言葉遣いが、『ドイツ・イデオロギー』を書いた時に変わりました。それからもう一回変わったのが、先ほど話に出た佐藤金三郎さんが研究した『グルントリッセ』(『経済学批判要綱』)を執筆した時。その後は変わっていません。文体の変化はそのまま、書き手の思想の変化です。まことに文は人なり。

みなさんも自分の文体を作ることです。スマホでメールなりＬＩＮＥなり機械的な反射で書いていても、絶対に文体はできません。しゃべり言葉には文体はありませんし、反射するようなやり方では思想はできない。このへんに関して、すごくいい本だなと思ったのは芥川賞作家の藤原智美《ともみ》さんが書いた『ネットで「つながる」ことの耐えられない軽さ』です。ミラン・クンデラの『存在の耐えられない軽さ』をもじった題ですが、実にいいエッセーでした。グーテンベルクによる活版印刷機の発明以降の大きな変化が、ネット化で生じているんだ、と。書き言葉の流儀が失われた。いまインターネットでメールが来て、すぐ返信する。絵文字なんかを使う。あれは話し言葉であり、書き言葉と比べると緻密《ちみつ》さが圧倒的に落ちる。写真も動画も使えるから、表現力ががくんと落ちる。

書く力が育たなければ、読む力も伸びません。ネットを覗《のぞ》き、スマホをやっているだけだと、いくら文字を打ったとしても書く力は身につきません。あっさり言いましょう、馬鹿《ばか》になります（会場笑）。多くの国民が馬鹿になると、悪貨が良貨を駆逐するようになります。そうすると、到底読むに堪えないようなものが出てきます。そのうち、みんな本を読まなくなって、誰も何も読まないという時代になる。人類がそういう時代にいずれ到達すると予測したのはH・G・ウェルズの小説『タイムマシン』ですが、まさにああいうSFで描かれた暗黒時代になろうとしている。

これは話し言葉が優位をとってしまったから起きる現象だというのが、藤原智美さんの作業仮説です。だから彼はいちばん最後に、「私はしばらくネットを遮断しようと思っている。そして本を読み、物を書く作業をしたい」と書いています。ネットを遮断するというのは作家だからできるわけで、われわれにはそれはできない。会社で

「僕、ネットはやらないと決めたんです」とは言えませんよね。

だから私がせめてもの代替案として何を提唱するかというと、プリントアウトです。恋人や友人とデートや呑《の》み会の約束のメールをする時は別にプリントアウトしなくてもいいですよ。でも、仕事上の大事な付合いの人とか、プライベートで重要な人にメールを出す時は、一回書いてプリントアウトする。その紙に万年筆でもボールペンでもいいからもう一回筆を入れて、それを打ち直して送る。こういう手を使う作業をしていれば、自分の文体ができてきます。

それでも自分の文体をどうしても見つけることができないというのでしたら、浅田次郎さんの修業時代のエピソードがあります。浅田さんはデビュー前、アパレルの店をやっていたのですが、これは商売と見なして、「商売が終わった後、家に帰って自分の仕事をする」と思っていた。仕事というのは、作家だ、と信じた。それで何をやったかというと、いろんな名作を原稿用紙に万年筆で写していったのです。これは文体を作るためにとても役に立つ作業ですね。そのうち自分にフィットした文体というのが出てくる。だから、優れた文学作品を写すなり、暗記するなりやってもいい。英語やロシア語を勉強するなら、それらの言語で書かれた優れた文章を体で覚えることです。それによって、自分の身に合った文体ができてくる。その文体によって、自分の思想を表現できるようになるんです。

『資本論』の肝はここだ

では、『資本論』第二巻第一篇第一章「貨幣資本の循環」を途中から読みましょう。岩波文庫版第四分冊の五二ページからです。

「貨幣資本（われわれはしばらくは、いま貨幣資本がわれわれの前で演ずる特定の機能の範囲内でのみ、これを取扱う）の理解においては、通常二つの誤謬《ごびゅう》が並行、または錯綜《さくそう》している。第一には、資本価値が貨幣資本として行ない、そして資本価値が貨幣形態にあるがゆえにこそ行ないうる諸機能が、誤って資本価値の資本性格から引出されるのであるが、それらの機能は、ただ資本価値の貨幣状態からのみ、その貨幣としての現象形態からのみ、生ずるものなのである。そして第二には、これとは逆に、貨幣機能を同時に一つの資本機能ともなす貨幣機能の特殊の内容が、貨幣の本性から引出される（したがって貨幣が資本と混同される）のであるが、この資本機能は、ここではG—Aの実現において見られるように、単なる商品流通とそれに対応する貨幣流通にあっては、決して与えられていない社会的諸条件を前提とするのである」

資本というのはおカネには限らない、ということですね。労働力も、資本家が持っていれば資本なんです。あるいは商品にしても、例えばこの岩波文庫は私が持っている分には商品ではない。消費するために私が得たものにすぎない。しかし株式会社岩波書店にとっては、この『資本論（四）』は資本なのです。岩波書店は自家消費を考えておらず、売ることによってカネを得ることを考えているわけですから。

資本家にとっては、これが『資本論』ではなくて、『女子大生㊙報告』とかでもかまわないのです。それによって得られる価値、カネが目的なのですからね。さすがに岩波書店はそういった商売はしていないのですが、例えば三笠《みかさ》書房という出版社があります。三笠書房は今は実用書が中心ですが、もともとは三笠文庫など教養ものを多く出していました。ところが、まったく同じ住所にフランス書院という出版社が存在します。三笠書房に行っても、フランス書院の看板は出ていません。裏口に廻ると小さい文字で「フランス書院」という表札がある。三笠書房の中のあるフロアでエロ小説だけを作っているわけですが、資本は同じなんです。片方においては道徳書を出し、子どもの教育法の本を出す。もう片方においてはＳＭ小説を出す。しかし、それで三笠書房が目的としているのは何かと言えば価値増殖ですから、不思議でも何でもないんです。

では、少し飛ばして——。

「自己の労働力の売渡し（自己の労働の売渡しの形態、すなわち労働賃金の形態での）が、孤立的現象としてではなく、商品生産の社会的に標準的な前提として現われるということ、したがって、貨幣資本がここに考察される機能 $G—W\left\langle\begin{matrix}A\\Pm\end{matrix}\right.$ を、社会的規模で遂行するということ、——このことは、生産手段と労働力との元来の結合を解体した歴史的過程を前提する」

カネ（G）で商品（W）を買うのですが、資本家が買う商品というのは、つまり労働力とか機械とかですね。Aというのは Arbeitskraft 労働力。Ｐｍというのは Produktionsmittel 生産手段、つまり機械や原料、材料や補助材料などです。それらを合わせて何か商品を作っていく。

どうしてそんなふうになったかと言うと、これまでにも説明してきたように、中世において農民は土地を持っていて、鋤《すき》や鍬《くわ》を持っていて、種を持っていて、それで穀物を作った。それを五公五民とか四公六民とか、そんな比率で年貢《ねんぐ》として差し出していた。それが資本主義時代になって、二重の意味で自由な労働者が出てきた。中世の農民は土地から移動することはできなかったのに、新しい時代に出てきた彼らは自由に土地から移動することはできる。しかし、土地もないが、生産手段もない。新しい時代に即した鋤も鍬も持っていなかった。だから自分が食べていくために売ることができる商品というのは、労働力しかなかった。そうして資本主義システムが動いていく。このへんはもう、ご存じの通りですね。

また少し先へ飛ばします。

「したがって、ここで$G—W \left\langle \begin{matrix} A \\ Pm \end{matrix} \right.$なる行為の根底に横たわる事実は、分配である。消費手段の分配という普通の意味での分配ではなく、生産諸要素そのものの分配であって、これらの要素のうち、一方には対象的諸要因が集積され、他方には労働力が対象的諸要因から孤立化されているのである」

ここが『資本論』の、ひいてはマルクス経済学の一つの肝です。ここで、労働力（賃金）と生産手段に資本が分配されますが、これは生産論に属する議論です。常識的な国民所得分析だと、家庭・企業・政府での分配、労働側と経営側の分配、そんな見方になりますが、『資本論』は異なります。『資本論』の分配論は、資本家間の利潤の分配、あるいは地主に地代を払うといった分配で、労働者は分配に関係がありません。つまり、資本がいくら稼いでも労働者には分配されません。労働者はどうやっても億万長者にはなれないようにできている。

ここも前に言いましたね。労働者の賃金は分配ではなく、生産論のところで出てくるんです。賃金には三つの要素があります。ここも大切ですから、復習しますよ。一ヶ月の賃金というのは、労働者が物を食べて、服を着て、家を借りて——労働者は持ち家を持っていないことになっています——、次の一ヶ月働くことができるだけのエネルギーを蓄えるための少々の娯楽費用、これができるためのカネ。これが賃金の一番目の要素です。ただ、それだけだったら労働者階級の再生産ができない。だから労働者階級の再生産のために、家族の維持、つまり結婚して、家族を食べさせ、子どもを育てて、子どもが労働者になるまでの教育をする、その費用が賃金の二番目の要素。そうすると、みなさんの中で独身の人がいるならば、デート代は賃金に含まれていないといけないわけですね。パートナーを見つけないと、労働者階級の再生産ができないのですから。

それから三番目の要素は、資本主義はイノベーションが起きるから、それに対応して自己教育をする費用も賃金に含まれていないといけない。この三つの要素が必要ですが、事後的に見て、資本主義がきちんと回転している時は、賃金のこの三つの要素は保証されています。だけど、回転しなくなると、資本家側は「家族なんて自己責任だ、デート代なんてとんでもねえ、自己教育なんて自己実現なんだから自分でやれ」と削っていきます。そこでマルクスは、「資本家と労働者の間の権利は対等である。対等な者同士の関係は暴力によって決定される」と言っている。放っておくと、賃金はガンガン削られますものね。

今、構造的に出版業というのは大変な時代です。そのくせ、編集者の賃金は結構いらしい。経営陣からしたら、経費を節約した以上は、あとは編集者の賃金を減らすことだと目をつける。こういった時、経営者は必ず分断をするわけです。編集者というのは専門職でしょ。専門職の賃金をガーッと下げる。同時に、一般職のテクニカルスタッフの賃金を少し上げるのです。全体としては人件費は下がるけれど、人数としては一般職の方が圧倒的に多数だから、経営側に賛成する。これはどこの会社でもやるやり方ですね。

ただし、これは、あまりよくないことです。というのは、編集の仕事って、例えば通訳なんかの仕事と一緒で、商品になりにくいわけです。あらゆるものを商品にする資本主義社会においても、商品になりにくい商品というのはあります。それは知的な付加価値をつけていくところです。今まで、著作権というのは書いた人の著作権だけを基本的には指していて、レイアウトしたり、校閲をしたり、アイディアを出したりといった〈本を作る〉という著作権に隣接している権利に対しては、あまりにも無防備というか、一種のサービスみたいな感じになっていた。このコモディティになりにくい部分の権利をきちんと主張していかないと、これからの出版社は生き残っていけないのではないかと思っています。

賃金に戻りますね。今、共産党系の組合が「企業の内部留保が増えているのだから、その内部留保を賃金に回せ」と言っていますが、これは『資本論』を読んでいないから出てくる議論ですよ。内部留保というのは、資本が投資をして、いかに増やしていくか、というために必要なおカネです。賃金はその前の段階で解決がついているわけです。でも、内部留保に手をつっこんで賃金を上げさせる、という運動はこれまでもありました。現に成功している例もあります。ムッソリーニは、労働組合は認めるけれども争議権は認めませんでした。賃上げに関しては、国家が資本家に指示をして、「お前のところは内部留保があるんだな。そのぶんは労働者の賃金にあてろ」。こういうやり方をした。これがイタリアファシズムにおける国家と労働者と資本家の三者委員会方式での賃金の決定です。

労働者という立場の再生産

『資本論』第二巻を続けますね。

「しかし、もっと特徴的なのは第二の苦情である、すなわち、たとえ貨幣をもっていても、買える労働力を随意の時期に、充分な量、見出《みいだ》すことができない、と。それというのは、ロシアの農村労働者は、村落共同体の土地共有のために、まだ完全には自分の生産手段から分離されておらず、したがって、まだ言葉の充分な意味で『自由な賃金労働者』ではないからである。しかし、社会的規模におけるこの賃金労働者の存在は、G—Wすなわち貨幣の商品への転化が、貨幣資本の生産資本への転化として現われうるためには、欠くことのできない条件なのである」

ロシアの村落共同体、が出てきました。これはロシア語で「мир（ミール）」といいます。ロシア語というのは非常に面白くて、ミールは村落共同体であると同時に、世界という意味でもあります。world もミールなんです。それから平和、peace もミールです。要するにロシア人には、近代的な国民国家とか国境とかがない発想がどこかにあって、自分たちの村落共同体が平和であり、同時に世界である、という感覚がある。分節化されていないのです。そう、ロシアの宇宙ステーションもミールと言いましたね。

こういうミールのように、分解されていない、助け合いの精神がある共同体では、「賃金が高いから工場で働け」と言っても、人は来ません。農村が完全に分解されていないと労働者が生まれない。裏返していうと、分解されていない、お互いが助け合うような結びつきの強い共同体があると、資本主義が入っていけなくなるのです。前に久米島の話をしましたが、あそこも似た感じです。

マルクスと同じ時代に、ニコライ・チェルヌイシェフスキーという人がいました。チェルヌイシェフスキーはこう主張しました。「資本主義の道を経て社会主義を目指すということは、労働者と資本家の対立がまず生まれることを前提にしているわけだが、なぜわざわざ一回そんな苦しい回り道をしてから社会主義を実現しなくちゃならないんだ？」と。ロシアには農村共同体があるのだから、その農村共同体を再編して産業化し、村の絆《きずな》を保ったまま新しい社会主義社会を作れるのではないかと、マルクス主義に反対したのです。このチェルヌイシェフスキーの考え方は、サンデル教授などのコミュニタリアン的な発想と非常に近い。チェルヌイシェフスキーには『何をなすべきか』という、協同組合を作ることで新しい絆のネットワークを作っていく、そんな小説があるので、読んでみると面白いと思います。

先へ行きましょう。

「したがって、貨幣資本の循環を示す定式、G—W…P…W′—G′が、すでに発展した資本主義的生産の基礎の上でのみ、資本循環の自明的形態であることは、おのずから明らかである、それは、社会的規模における賃金労働者階級の存在を前提とするからである。資本主義的生産は、われわれの見たように、商品と剰余価値とを生産するのみではない。それは賃金労働者の階級を再生産し、しかもたえず拡大される大いさで再生産して、直接生産者の巨大な多数を、賃金労働者に転化する」

ここも重要なところです。労働者は再生産して商品を作っていくのです。われわれは一ヶ月働いて、翌月も働いて、また次の月も働いて、一年働いて、二年働いて、という具合に働いている時、商品を再生産すると同時に、労働者としての自分の立場をも再生産しているのです。すると、その中でさまざまな資本主義的なイデオロギーというものが身についていく。いつの間にかさまざまなことが自明のものとなってしまって、なかなか資本主義的な発想から抜け出すことができなくなるのです。さっきの窮乏化のところで、「資本主義システムの中できちんと回っていると、労働者は抵抗なんてせずに、こんなものなんだと思うようになる」と言いましたが、そのことを指しています。

いちばん大きいのは、資本家ではなく労働者の側も、要するにお金が増えればいいんだろ、という考え方になることですね。若い人と話していてときどき驚くんですが、昼は大豆でできたパンとジュース一本ですませて、お金を貯《た》めている人たちがいる。「せいぜい牛丼屋《ぎゅうどんや》なんかでしか食べません」なんて言う。明らかに私が東京拘置所で食っていたメシのほうがいい（会場笑）。まあ、平均的なサラリーパーソンの食事よりも、絶対に

東京拘置所や刑務所の食事の方が実はいいんですけどね。これは私も入ってみるまで知りませんでした。

あるいは、出世したい、少しでも上に行きたいという人たちもいる。そんな椅子《いす》取りゲームからなかなか抜け出せないでいる人がたくさんいます。これは資本主義的な論理がわれわれの体に沁《し》み込んでしまって、空気のように当り前になっているからです。「いや、自分はそんな理屈で生きていない」と言う人でも、自分の子どもに関しては猛烈な勢いでお受験をさせる。そこで無意識のうちに考えているのは、「競争で自分の子どもが優位に立ったら、将来の幸せに繋《つな》がるのではないか」ということですよ。この発想を突きつめていくと、堀江貴文さんと一緒で、「時価総額世界一の資産を目指す」ということになっていくわけです。そうすると、東京地検特捜部が口を開けて待っていることにもなる（会場笑）。

いずれにせよ、『資本論』がここで述べているのは、われわれがメシを食っていくためにごく日常的な経済活動をしているつもりでも、いつしか資本主義のシステムに組み込まれ、その中でわれわれの思想や感性が作られていくのだ、ということです。

小説を読もう

今回から、課題のレベルを上げます。お世辞ではなく、みなさんの答案の出来が非常にいいからですよ。なので、あんまり易しい問題ばかり出していると、カネを払った甲斐《かい》がないと思われてもいけませんので、二割増しぐらいで手ごたえがある課題にしてみました。

まず一つは「ビットコインは、マルクスが『資本論』で規定するところの通貨か」。通貨に関する『資本論』の定義を簡潔にまとめた上で、論議して下さい。これは結論を言っておきますと、通貨ではありません。

二番目、これは超難問です。「金の地金とまったく無関係に発行された通貨は機能するかどうか」。これは両方の答えがありえます。近代経済学の主流では、機能するというのが答えでしょう。マルクス経済学的な発想からすると、たぶん機能しません。それはマルクス経済学が究極的には実体主義に立つからですね。

刑務所に入ったことがある人は、このへんの感覚をきっとわかると思います。私が入ったのは拘置所で、刑務所には入っていませんからリアルにはよくわかんないですけど、刑務所における一般的等価物は石鹸《せっけん》なんです。石鹸は、ふた種類あります。「YOKOSUKA」という白い化粧石鹸。市販のものより泡立ちがよくて、手にも優しいんです。横須賀刑務所で作っているから「YOKOSUKA」です。もう一つは

「ATAMI」。熱海には刑務所はないのですが、なぜか灰色の洗濯石鹸にこの名前が付けられています。この石鹸が、刑務所の中では基本的に一般的等価物として機能しています。刑務所にはおカネを持ち込むことができませんし、お互いの口約束という形ではなかなかうまくいかないので、何か実体的なモノが必要になってくるんですね。その実体が「YOKOSUKA」と「ATAMI」なんです。このへんは実に面白い。なぜ人間はモノによって裏打ちされないと信じられないのか不思議ですね。しかし、この課題は両方の結論が可能です。

もし、金なしでも通貨は機能するんだという議論を組み立てたいのでしたら、前にも名前を出しましたが、岩井克人さんの『貨幣論』がいい参考文献になると思います。岩井さんの議論も含めた上で議論するならば、柄谷行人さんの『トランスクリティーク』『世界共和国へ』、さらに『世界史の構造』あたりを参考にしてもいい。それから、機能しないという立場で宇野経済学の正面から行くならば、青木書店から出ている宇野の『価値論』がいいでしょう。岩波新書の向坂逸郎『資本論入門』の中にも、志賀直哉《なおや》かなんかの小説の一部を抜いて、これが貨幣かどうかという議論がありますから、参考になるかもしれません。

レポートとは関係ないことですが、あと一言だけ。いろいろな本を勧めてきましたが、小説も読んで下さいね。一九世紀のイギリスで発展したのは、資本主義と近代小説です。人間や社会を考える上で、この二つはまさしく車の両輪のように必要なものです。資本主義の方は、こうして一緒に『資本論』を読みながら考えていきます。小説については、みなさん各々《おのおの》で読んでいって下さい。宇野弘蔵も小説を読むのが好きでした。フランス文学者の河盛好蔵《かわもりよしぞう》さんとの対談「小説を必要とする人間」の中で、宇野は「社会科学としての経済学はインテリになる科学的方法、小説は直接われわれの心情を通してインテリにするものだ」「自分はいまこういう所にいるんだということを知ること、それがインテリになるということだ」「読んでいて同感するということは、自分を見ることになるのではないでしょうか」「われわれの生活がどういう所でどういうふうになされているかということが感ぜられるような気がするのです。小説を読まないでいると、何かそういう感じと離れてしまう」などと発言しています。新自由主義、新帝国主義などと呼ばれる時代において、小説を読むことで鍛えられ、磨かれ、身についていく想像力や感受性、知性や品性は極めて大切になっていくと思っています。それは金銭に還元不可能なものであり、すなわち資本主義の網の目から逃れているものでもあるのです。

〈質疑応答〉

受講生J 『アンネの日記』が破かれた事件のお話がありましたが、杉原千畝《ちうね》さんの書籍もいくつか破かれたそうです。どうも最近、震災があって、バブルの問題もあって、新興宗教が流行《はや》っていてと、何となく一九九五年の日本を思い起こさせる印象があります。今後、反ユダヤ的な動向が本当に続くのか、続いたとしたら日本にどういう影響を与えるのか、そのあたりも含めて、ぜひお話をおうかがいしたいのですが――。

佐藤 目下の状況を理解するために、われわれがきちんと勉強しなくてはならないのはニクラス・ルーマンの『信頼』(勁草書房)だと思います。「社会的な複雑性の縮減メカニズム」というサブタイトルからわかるように、〈複雑系〉の考え方です。要は、安倍内閣への信頼がなぜ起きているか、ということです。

信頼とは何か? この世の中は複雑です。実は『資本論』もこの複雑な世の中をどういうふうに読み解くかという一つの試みですよね。

例えばここに一万円札がある。『資本論』の論理を読んでいると、わずか原価二二円しかかかっていない一万円札で一万円のものを買えるというのは、その背後にある人間と人間の関係から生まれているのだとわかる。そして賃金は生産過程で決まっているということがわかれば、いくら一生懸命働いても、億万長者になることはできないとわかる。われわれは労働者の側にいる以上、そこには限界がある。それから、資本主義というのはそう簡単に崩れない。われわれの思想も感性も資本主義システムの影響を受けながら作られていく。そういうこともわかってくる。

しかし、そんなことを思考の力によって読み解いていくのは、すごく疲れることです。そうすると、「信頼してしまう」のがいちばん楽なのです。複雑性を縮減することができるわけですね。この〈複雑性の縮減のメカニズムとしての信頼〉をきちんと研究したのが、ニクラス・ルーマンでした。

複雑性の縮減のために、何かにつけて、「この人の言っていることは信じる」となるわけです。「多少信じることができなくても、まあ、いいか」と、ハーバマスの謂《い》う「順応の気構え」と同じで、自分が理解できないことは誰かが説明してくれるだろうと高を括《くく》って、とりあえず順応していくようになる。その先になって、やがて信頼が明らかに裏切られることになっても、それでもなお信じ続けるというのは、ドメスティック・バイオレンスなどとも似てきますね。そんな人を信じてきた自分がみじめになるのが嫌だから、信じ続けることになるのです。

ところが、ある種の閾値《いきち》があるんですよ。ある線を飛び越えると、信頼というのは崩れるのです。そうなると、今まで信頼の度合いが高かったがために、かえってものすごい怒りの爆発や感情の混乱が起きる。ですから、安倍外交にしてもアベノミクスにしても、少し距離を置いて見ると、この政治家にしてこのブレインあり、となるでしょうね。今のところ、「補佐官の衛藤さんはちょっと変わっているけれども、安倍さんはいい人じゃないか」とか、そういった見方が多いですよね。これが、「この首相にしてこの補佐官あり」みたいな感じになってきた時は、相当のカオスになるでしょう。補佐官に限らず、いろいろ問題のある人たちが安倍首相の周りにいるでしょう?「ああ、あんな首相だから、ああいう連中が……」と思われるようになると内閣は持ちません。

もう一つ怖いのは、反知性主義です。反知性主義は、教育水準が低いから起きるわけではありません。これも複雑系に対して堪え切ることができないから、決断主義になるのです。だって、どんな物事を決める時でも、最終的に決断は必要でしょう?いろんな情報を集めたところで、何らかの決断をしないと行動はできない。そこで、最初から、「つべこべ言うな、決断がすべてだ、行け!」という決断主義で、知的な積み重ねや実証性や客観性をいっさい無視するような言説が支配するようになる。

受講生J　橋下徹《はしもととおる》さんみたいな？

佐藤　橋下さんはその典型です。ただ、いま言ったような閾値を知っているから、私には橋下さんが政治家を辞めたがっているように見える。民衆から忌避される前に政治家を辞めて、やしきたかじんさんの後が空いてますから、関西でテレビを中心に活躍するならそれで十分（会場笑）。だいたいそんなことを考えているのではないでしようかね。彼は非常にシニカルですよ。

いまなぜ、われわれが『資本論』を読まないといけないのかと言えば、マルクスによって積み重ねられた強靭《きょうじん》な思考力ゆえです。マルクスの強靭な思考力を発展させていったのが宇野弘蔵であり、その系譜です。ところが、先ほど『資本論辞典』の「窮乏化」の項目を読んだ時に気づかれたでしょうが、これだと完全に宗教の説明でしょ？　生産力神話とか、あるいは革命神話とか、そういう宗教に関する説明ですよね。だからマルクスのテキスト自体の中に、若干の宗教性はあるのです。その宗教性のところを発展させると、マルクス主義経済学、最終的にはスターリン主義経済学になってしまう。

それに対して、論理性を徹底的に詰めていくと宇野経済学になりますが、宇野経済学は今やもう死にかけていて、ほとんど力を持てなくなっている。ここはやっぱり残念ながら、反知性主義の力になかなか論理の力は勝てない、ということでしょうね。

受講生K　今日の先生の宇野弘蔵の話もそうですが、特に前回ご紹介いただいた『恐慌論』を読んだら、これは本当にマルクスなのかなという気がしたんです。むしろシュンペーターに近いような感じがすごくしました。

佐藤　それはすごくいい指摘で、実は宇野弘蔵はドイツに留学している時、シュンペーターの講義を聞いているんですよ。まさにシュンペーターと非常に近い形でマルクスを捉《とら》えています。シュンペーターの影響と同時に、方法論としては新カント派のリッケルトです。宇野を理解するためには、リッケルトの『認識の対象』は読んでおいたほうがいいかもしれません。

マルクスは多義的に読めます。ですから、あなたのおっしゃるように、「宇野はシュンペーター的なマルクス読みをした」という言い方はできるかもしれない。ただ、「宇野はマルクスのテキストを完全に無視して、反共で、ブルジョア経済学だ」と共産党系の人たちが言うようなものなのか、マルクスのテキストから宇野のような読み取りができないのかというと、やはりそんなことはない。ここは解釈の問題だと思います。

受講生K　『恐慌論』のリファレンス自体が、シュピートホフとかツガン＝バラノフスキーとか、シュンペーターの『景気循環論』とよく似ているなという印象を持ったんです。

佐藤　前にもこの講義に登場した高畠素之という、いちばん最初に『資本論』を邦訳した人が、ツガン＝バラノフスキーも日本に紹介しています。だから、宇野ぐらいの世代までは、ツガン＝バラノフスキーをマルクス経済学の発展として捉えていたんです。ソ連ではスターリンが権力を握ってから、ものすごく硬直したマルクス主義理解になってしまって、ツガン＝バラノフスキーなど見向きもされなくなった。

日本の場合は、そもそも高畠素之という国家社会主義者でイタリアファシズムみたいな考え方の持ち主が『資本論』を紹介したせいもあって、マルクス主義の流れがソ連とは異質なのです。ツガン＝バラノフスキーなんか、やっぱりもう一回読み直されるべきですよね。例えば彼の『景気循環論』なんて、すごく重要だと思います。

5　いまの価値観を脱ぎ捨てろ

論理学は少し必要だ

今日もよろしくお願いします。

提出していただいたレポートのレベルから判断すると、みなさんはもう『資本論』の通読を始めてもいいと思います。この勢いで、わかってもわからなくても、わからないところで止まらないで、序文から第三巻の最後まで思い切って読み進んでしまいましょう。カバンに入れて持ち歩けば、通勤電車や仕事の合間あいまに読むだけでも、岩波文庫の九冊をおそらく一ヶ月で読めます。講座の復習も兼ねながら読んでいくと、かなり『資本論』の理解が深まっていきますよ。

難問を出しましたが、どの答案もよくできています。じゃあ、いつも満点の答案ばかり紹介しているから、たまにはそうじゃないものを紹介して、一緒に考えてみましょう。「金の地金とまったく無関係に発行された通貨は機能するか」についての答案です。

「資本がその目的である自己増殖運動を行う際、剰余価値を増大させるために商品の交換=流通をする。商品の交換の際の媒介として、それぞれの商品の持つ価値を表現するための商品として貨幣が生まれた」

最終的にはその通りですが、この議論だとちょっと飛ばしたところがありますね。どこを？「一般的等価物」というところをすっ飛ばして、貨幣に行ってはいけないのです。一般的等価物と貨幣の間には大きな差があります。

ビットコインも、とりあえず一般的等価物ではあるのですよ。前にもお話ししたように、ソ連時代の末期、ルーブルが通用しなくなった時、赤いマルボロでタクシーに乗ったり、冷蔵庫を買ったり、レストランの支払いができた。つまり、マルボロは一般的等価物でした。しかし、マルボロは貨幣にはなれなかった。ビットコインも、一般的等価物として流通はしますが、貨幣にはならない。みんながそれを一回媒介すればいいのだと思えば、ライターの石でも、ボールペンでも、一般的等価物にはなり得るわけです。

この答案の結論部分は、「また貨幣自身が具体的商品である必要はなく」云々《うんぬん》と書かれています。でも冒頭で、この論法の中で「商品の交換の際の媒介として、それぞれの商品の持つ価値を表現するための商品として貨幣が生まれた」と書かれていますよね。これ、商品であるけれど商品ではないということになって、同一律違反ですね。自分の書いている論理が前段と後段で一致しているかどうか、論理学ということをあまり難しく考えなくて構いませんが、論理学の基本的な本は読んでおいたほうがいい。

高校二年生の教科書で「集合と論理」ってやりましたよね? もっとも、高校二年生の教科書って実はわかりにくいから、お勧めは東京大学出版会から出ている野矢茂樹《のやしげき》さんの『論理学』。ただし、これは論理記号を使っていますから、記号に体質的にアレルギーがある人はこの本ではなく、野矢さん自身が書いている『論理トレーニング101題』の方がいいでしょう。なぜ野矢さんはこちらの本も出したかというと、彼は東京大学と共に成城大学でも講義を持っていたんです。東大の学生たちが目を輝かせて聞く話をしても、成城大学の学生たちはどんどん寝てしまう。どこが退屈なのか学生たちに訊《たず》ねたら、「論理記号が出てくるので、数学アレルギーが出るんです」

と。そこで、いっさい論理記号を使わず、解答付きの練習問題も載せた本を出したら、学生たちは目を輝かせるようにして読んだ。野矢さんみたいに、難しいことも語れるし、水準を落とさずに易しい言葉で語ることもできる、これがほんものの専門家ですね。

論理学の根っこはアリストテレスの論理学です。まずは同一律。「A＝A」というやつですね。「犬は全身が毛で覆《おお》われた動物である」「鈴木宗男はロシアの犬だ」「それゆえに鈴木宗男は全身が毛で覆われている」。こういう説明の何が間違えているか？　犬という言葉が二重の意味で使われているからですね。一方の犬は動物の犬、もう一つの犬は〈手先〉の意味で使われている。だから言葉の上では「A＝A」になっていても、意味の上ではなっていない。ですから、これは同一律違反なのです。同一律が成立しているというのが、論理の上ではすごく重要です。逆に、論理をごまかす時は同一律をずらすわけです。

次に、矛盾律です。矛盾って何でしょうか？

（受講生L　Aと非Aが同時に存在し得ない。）

同時というのがポイントですね。では、日本語の「矛盾」はどこから来てますか？

（受講生M　盾《たて》と矛《ほこ》。）

そう、何も通さない盾だと言って、盾を売っている。そして、同時に?

(受講生M 何をも貫通する槍《やり》、矛を売っている。)

そこでお客さんから「じゃあ、その矛でこっちの盾を突いたらどうなるか」と訊《き》かれて、売っているやつは答えられなかった、という話ですね。これ、大いなる誤訳なんですよ。つまり、突いてみたら答えが出るでしょ。これは矛盾ではなくて、〈対立〉なんです。言っていることが対立している。それは突いてみたら、どちらが嘘《うそ》だったかわかることです。結局、対立というのは、どちらかが一方を圧倒できる、制覇できるものなのです。戦争なんていう形で、対立は解決できるのです。

矛盾というのは非常に難しい概念ですよ。『資本論』を例にとりましょう。良心的な資本家が会社を経営して労働者を雇っているとする。労働者にできるだけ多く賃金を払いたいと思うけれども、内部留保に回してしまう。どうして? 少しでも儲《もう》かるのだったら、儲けた分は内部留保にして、新しい機械を導入するか、企業の規模を大きくするか、あるいは投資を増やすか、そうやらないと競争で生き残れないからです。

だから、労働者の生活に必要な水準を大幅に超える賃金を払う資本家はいないわけですね。それどころか、景気が悪くなると、自分の会社を生き残らせるためにリストラせざるを得なくなります。しかしその良心的な資本家は、自分はヒューマニストでありたい、自分たちの従業員に対して生活をきちんと確保したい、リストラしたくない。こういう状況に置かれているのが〈矛盾〉なんです。

そんな場合のマルクスの処方箋《しょほうせん》は、資本主義システムを変えれば、矛盾から解放される、というものです。搾取《さくしゅ》をされている労働者だけではなくて、搾取をしている資本家も解放する、というのがマルクスの考え方ですね。ですから、まだ矛盾も何らかの形で解決できる。

ところが、絶対に解決できないものがヘーゲルの概念にあります。〈差異〉ですね。例えば男と女の差。男を女に完全にすることはできないし、女を男にすることもできない。主義主張や思考で差異に関わることは、〈趣味〉なんです。「これは私の趣味です」と言ったら、ヨーロッパやアメリカやロシアでは、その先の議論が止まるのです。趣味は差異の問題だから、対立していかないんです。

そうすると、世の中の問題を、これは矛盾なんだ、あるいは対立なんだと考えずに、解消できない差異としてあるのだと捉《とら》えて、そのちょっとした差異をみんなで楽しんでいこうじゃないかと考えたのが、ポストモダニズムでした。ただ、これは既存の体制というものを是認していく方向で機能しました。まあ、当然の成り行きですよね。

負け犬は排中律

さてもう一回、論理学に話を戻します。一に同一律、AはAである。二に矛盾律、AであることとAでないことが同時に起きることはない。
三番目は排中律《はいちゅうりつ》です。AとAではないものがある時、その真ん中はない。排中律を認めると、背理《はいり》法《ほう》というのが使えるようになるんです。数学的背理法もそれですが、「これを前提とすると、間違えた結論が出るから、この前提は間違いである」というやつですね。

でも本当は、排中律が適用されない世界もありますよね。近代の論理学には排中律を適用しないものがあるし、インド仏教の論理にも排中律が適用されないものがある。関心を持たれる方は辞書か何かを引くと、直観主義なんて出てくると思いますが、けっこう面倒くさい議論です。ですから留保はありますが、基本的に同一律、矛盾律、排中律を使うと、世の中の事柄、森羅万象はほぼ簡単に説明できます。

この排中律を上手に展開してベストセラーになったのが、酒井順子さんの『負け犬の遠吠《とおぼ》え』です。酒井さんはこの本の最初で、明快に排中律を使って定義をしている。三〇歳以上、独身、子なしは全員負け犬である。仮に夫がパチンコに狂い、親は介護が必要で、子どもがグレていても、それは勝ち犬である。そして、負け犬と勝ち犬以外の中間は一切ない。こういう定義を彼女はしているわけですね。あれは論理をめぐる非常に面白い遊びです。例えば結婚していても経済的には全然恵まれていないとか、そんなカテゴリーは一切無視して、既婚者は全て勝ち犬にしちゃう。こうすると物事は簡単に説明できる。ですから、何か書く時には、論理学を少し頭に入れておくというのはすごく重要なんです。

文章の書き方についてもう少しだけ言いますと、野矢さんの『論理トレーニング101題』にあることですが、論理が破綻《はたん》しているけれど、その破綻に気づかれないようにするコツは、接続詞を使わないことなんです。接続詞がないと勢いで読めるから、論理がどうなっているかに気を取られない。裏返して言えば、自分の文章にしつこく、「言い換えると」とか「しかし」とか「だから」とか「にもかかわらず」とか、接続詞を入れて書く練習をすると論理力がついてきます。野矢さんの本の練習問題を使って練習していくと、二週間ぐらいで相当論理の力がつくと思います。

それを受験に生かしている人もいるんです。現代文のカリスマ教師と言われる出口《でぐち》汪《ひろし》さん。宗教に詳しい人はピンと来るかもしれない。大本《おおもと》の教祖出口王仁《おに》三郎《さぶろう》の曾孫《そうそん》です。彼には教材を基にした『論理エンジン』という本があります。あるいは『現代文講義の実況中継』。これは全三冊ですが、最初の一冊目を処理するだけでも、格段と論理力がつく。だから野矢先生の本で論理学の方から行ってもいいし、予備校の教材の方から実践的に行ってもいい。どちらでも行き着くところは一緒です。非常に効果があがりますよ。

ジャーナリズムから身を守る法

論理の話が長くなっちゃいましたね。最初の答案に戻りますが、この答案を悪い例として挙げているのではありません。本当によく勉強しているんです。だから、たくさん盛り込んでしまった。七〇点を付けましたが、こうやって意欲的に取り組んでいかれることは、すごくいいです。質問もありました。

「最後の段落は岩井克人先生の『貨幣論』についてですが、論理的に破綻もしくは飛躍しているでしょうか?『資本論』からの引用が適切であるか、その解釈が正しいかの判断がつかないままです」

私見ですが、岩井克人さんはマルクス経済学に詳しい近代経済学者となっていますが、実は根底的なところがあやふやではないでしょうか。頭のいい人ではあるけれども、物事がどうなっているのかという存在論的な思考を突き詰めて行わない。だから、何となくふわっとして難しく、「これはすごいな」と思わせる。でも、説明できない文章を書いている人はすごいのではなくて、論理が錯綜《さくそう》しているか、あるいは特殊の論理を展開しているかではないかと思います。だから、この方の質問は理由があることなんです。

特殊の論理と言えば、最近あるところから耳打ちをされまして、かの木嶋佳苗《きじまかなえ》さんがブログに私のことを相当書いている、と（会場笑）。お互いに共通点がたくさんあって、彼女は北方領土問題に非常に近い土地で生まれたし、取り調べの検事が一緒だったしと、そんなことをいろいろ書いているらしいのです。私はほかにやることも多いし、怖いから木嶋さんのブログは読んでいないのですけどね。しかし、木嶋さんから見ると、非常に私の考えていることと彼女の考えていることが近くて、二審の死刑判決を言い渡された危機的な彼女の状況も私が体験した危機とほとんど同じだと見えている。だから私へのシンパシーを訴えているブログになっているそうです。

これは彼女の中で、きちんと論理が通っているのです。私は神学をやってきましたから、この種の議論にはけっこう慣れています。でも、木嶋さんと佐藤の組み合わせは面白いから、「週刊新潮」や「週刊文春」に揶揄《やゆ》した記事が出ても不思議ではないですよね。でも、週刊新潮は私の連載を載せていますから、連載している人は商品ですからね、叩《たた》かない。週刊文春には連載していませんけれども、いちおう文藝春秋からこのまえ本を出したばかりで、やはり商品だから書かない。これも『資本論』から学んだことですが、自分の身をジャーナリズム、週刊誌から守るには何がいちばんいいかと言えば、自分が商品になることです。それ以外では、自分を守ることは絶対できません。それも、「一五年前に新潮社で本を出してやったから、俺のことは勘弁してくれ」なんて言ったって、そんなものは編集部が忘れているから、今この瞬間に商品になっていることが自分の身を守るのにいちばんいいわけです。

そうすると、普段は開示していない私の秘密ですけれども、みなさんわかったでしょ？　なぜ、私が大量の媒体に書いているのか（会場笑）。自分の身を守るためには、こういうやり方しかないんです。

物事の根源へと考える

みなさんの答案を見ていると、大学までの勉強と違って、楽しみながらいろんなものを読んでいるのが伝わってきます。経済学って、大学で専攻したり、あるいは高校で政経をやったりしても、あまり面白いと思わなかったでしょう？　ビジネスの現場に入ってから日経新聞の「やさしい経済学」「経済教室」とか読んでも、内容が全然やさしくないですからね。しかも、あそこは「経済」という文字さえ入っていれば、政治のことでも何でも書けるコーナーですから、あれを読んでも経済の知識は身につかないし、「経済って難しいものだな」というイメージを持つだけでしょう。それに、いまの主流派である近代経済学は、物事を突き詰めて考えていませんしね。

「でも、マルクス経済学だって、共産党なんかに繋《つな》がっているんじゃないの」とか「ソ連みたいな国の公認理論だったんじゃないの」とか思われていますよね。しかも『資本論』なんて、初版が出たのは何年です？　一八六七年、つまり明治維新の一年前、日本ではみんな尊王攘夷《そんのうじょうい》とか開国とか言って走り回っていた頃ですよ。「あんな時代のものが現代に適用できるはずがない」という感覚で思われているでしょう。

ところが、『資本論』の論理を抽出してみると、ビットコインのことがわかったり、あるいは国際経済を動かしている根っこがわかったり、あるいは今日これから少し取り組んでいく、「われわれはなぜ競争してしまうのか」がわかったりとか、物事の根源的なところが見えてくる。逆側から言えば、物事を根源的なところでわかりたいという欲望は、われわれ東洋人にはあまりなかったんです。いや、ヘブライ人、ユダヤ人も、自分たちの心の動きというものは考えたけれど、何が根源的なのかなんてことは考えなかった。ギリシャ人だけが、そこを考えたのです。そこ、というのはつまり

〈ある〉ということ、〈存在〉です。そうしてオントロジー、存在論が誕生しました。

今こうして論理学の話をしたり、『資本論』の話をしたり、木嶋佳苗さんの話をしたりして、何をやっているのかと言うと、物事を根源的に考えて、存在という次元まで掘り下げていく考え方、ギリシャで有効になって、ヨーロッパ中に広まり、ドイツで精緻《せいち》になって、近代的な世界を席巻《せっけん》した西洋的な考え方について、われわれは勉強しているのです。

これは考え方の一つの流儀であって、これで全《すべ》てがわかるわけではない。しかし世界の主流の考え方だから、理解できるようにしておいた方がいい。ただし、われわれの社会においては決して主流ではない考え方です。ここがまた面白いのですね。

管理できない管理通貨制度

もう一つだけ、非常にレベルの高い答案があったので紹介しておきます。これは一〇〇点が満点なんだけれども、もっと点を付けたかったので、一〇〇の横に十字架を三つ書いておきました。「100＋＋＋」にしています。

「金とまったく無関係に発行された通貨は機能するか。この一見単純な問いが超難問であるのは、この問いの背後に金＝貨幣商品・価値尺度、通貨＝貨幣形態、機能＝商品と貨幣の交換形態といったものが潜んでいることから来ると思われる。筆者はこの問いに対し、柄谷行人『世界共和国へ』および宇野弘蔵『価値論』を参考に、〈機能しない〉という立場で以下述べてみたい」

これを書かれた人は、宇野弘蔵、あるいは宇野をちょっとねじった形である柄谷行人さんの立論で論理整合的に説明できるとわかっていますね。

「そもそも発行された通貨が機能するということは、貨幣がいかなる地域、共同体、あるいは国家間においても貨幣として通用するものでなければならないということであり、〈通用する力〉を持つということである。では、その力は何によってもたらされているのか。このことは貨幣の起源を問うことでもある。

マルクスは価値形態論において、『単純な価値形態から始めて、拡大された価値形態、さらに一般的な価値形態、そして貨幣形態に発展することを論理的に示した』。そして貨幣の生成を、『貨幣は、ある商品が他のすべての商品に対し排他的に等価形態におかれ、他のすべての商品と交換可能となるときに出現する』のであるとし、『たとえば、金や銀が一般的等価形態の位置を占め、他のすべての物は相対的価値形態におかれるとき、金や銀は、「貨幣」となる』とする」

ここは柄谷さんを使っていますね。

「そして、この貨幣としての金は、『他の商品から特殊の貨幣商品としての地位を与えられるとき、価値尺度として機能することとなるが、価値尺度としては、金は単に観念的に貨幣としてあるに過ぎない』のである。しかし『金が観念的に価値尺度として機能することが、現実的に金を流通手段として機能せしめるものにほかならないのであるが、単なる流通手段として役立つかぎり、金は象徴的なる貨幣としてあるに過ぎない。それは、いわば商品流通の一定の発展段階における一定の範囲を前提とした貨幣の機能である』」

ここは宇野です。

「しかし、一定の共同体や国家の範囲内では、貨幣は素材的に紙片であろうが何であろうが、共同体や国家の同意や支持があれば貨幣として通用することとなる」

アベノミクスなんて、この範囲の中だけで貨幣について考えているんです。

「しかし、〈貨幣が通用する〉とは、いかなる共同体や国家間においても通用することでなければならないはずであった。いわゆる〈世界貨幣〉として成り立つことが必要であった。グローバルな商品経済は、一定の段階や範囲に停滞しないのだ。共同体の外、国家の外で通用するような貨幣は、その素材そのものにおいて使用価値を持っていなければならないのであり、」

そう、「その素材」のところで何か市場価値がないといけない。ビットコインは、それがないから成立しないのです。

「よって、〈世界貨幣〉は『商品の価値が、その使用価値から独立する過程の結末として現れる』が、しかしそれがまた『結局、金なる使用価値において実現せざるをえなかった』こととなるのである。一般的等価物〈金〉は、貨幣形態であり価格形態としてあるのである。通貨は金と無関係ではありえない」

これはつまり、「俺は誠意があるんだ」と口で言っている人について、それだけで誠意と見なせるのか、あるいは何かの形で表さないと誠意と見なせないのか、という問題です。最終的に、人間は形を必要とする、というのがマルクスの考えですよね。だから、物に頼っていく。金という形が必要になっていく。そこまで掘り下げていくと、ビットコインは貨幣として成立しないという問題は、人間は宗教的に何か頼るものがどこかにないと保《も》たないんじゃないか、そんなところまで深くなっていく話です。

かつて、固定相場制度では一オンスの金＝三五ドルとか三八ドルで固定させていました。ところが一九七三年にスミソニアン体制が崩れた時、変動相場制になった。それまで各国の貨幣は金に裏打ちされていませんでしたが、ドルに関しては、最終的に金で裏打ちされているというフィクションの上に成り立っていました。そのドルと金の交換が停止されたら、世界は大混乱になるかと思われたけれども、そこそこの混乱で済みました。

ここから近代経済学の方では、「金なんて全然なくても貨幣は成り立つ。だからアメリカは基軸通貨のドルをいくらでも刷ることができる。そうやってドルを世界中にばらまけるのだ」と考えるようになりました。たしかにその要素はあるのです。しかし、それではアメリカは恣《し》意《い》的に世界の通貨を管理できるのでしょうか？　宇野弘蔵は名言を吐いています、「管理できない管理通貨制度」と。この「管理できない管理通貨制度」によって、われわれは苦しんでいるわけです。アベノミクスにしても最大の問題は、通貨制度を管理できると思っているような、極めて単純なモデルで世界を考えていることです。そんな単純なモデルで考えていると、東京大学やイェール大学の先生を長くやって内閣官房参与のような立派なポストに就いていても、説明できないことがたくさん出てきてしまう。貨幣数量説みたいな単純なモデルで世の中が説明できると思って、そのモデルの枠の中だけでしか発想できず、思考がそこに限定されるわけです。

なぜ競争するのだろう？

われわれの『資本論』講座の特徴は、『資本論』全三巻を端折《はしょ》りながらでも全体として見ていくということですね。最初は価値と使用価値の話から始まりましたね。では、どこから「価値」が出てくるのか？　一つは、価値は人間の幻想だという見方がありますす。もう一つは、価値は時間差で生まれるという見方もある。例えば、ある企業がある機械を使って、一時間にボールペンを一〇本作っていた。原価は一本一〇〇円だった。そこへ私が新しい機械を発明して、ボールペンを一時間に二〇本作れるようになった。機械は少し高くついたけれど、結局は原価八〇円で作れる。そうすると二〇円が超過利潤になる。しかし、ほかの会社も必死にその技術を追いかけてくるから、やがて技術が追いつかれ、この超過利潤はなくなってしまう。そこでさらに新たな技術開発が必要になる。

こういうふうに、資本主義ではつねに競争していくメカニズムがあるんだと説き明かすのが、『資本論』第三巻の「利潤率の傾向的低下の法則」です。機械の比率が大きくなると、労働力の比率は小さくなる。そうすると利潤率自体は減っていく。ところが利潤率が減っても、資本の規模を大きくすればいい。例えば一万円投資して利潤率が五〇％、つまり五〇〇〇円儲かっていた。ところが利潤率が五〇％から一％になってしまったけれど、投資する金額を一〇億円にすれば、一％でも一〇〇〇万の利益が出る。利潤率が低下する中においても資本の規模が拡大することによって、利潤は増大していく。これが『資本論』の論理です。

資本主義制度をなくせば、あるいは競争から降りたら、人間はもっとエコな環境の中で生きていける。その手の議論はいろんな形であったんです。実際、そんな生活にトライしている人もいます。例えばアイルランド人で一年間一ポンドも使わないで生きると決意した人がいる。コンピュータや携帯電話なんかは使う。つまり、拾ってくるものならOKという規則にしたわけですね。食べ物はスーパーマーケットのごみ箱からあさる。こういう形で生活していく人を追ったドキュメンタリーをBBCでやっていました。でも、これって基本的には資本主義システムに寄生しているだけですよね。

しかも、そういう人がごく近くにいても、みんなが魅力を感じるわけじゃないでしょう? スーパーマーケットやコンビニのゴミをあさりながら、「なかなか旨《うま》いものもあるよ、こんな生活をしていこう」と言われても、「これは新しいライフスタイルだ!」という感じにはならない。むしろ古き路上生活者のライフスタイルにしか見えない。

となると、もうちょっと存在論的な考察がいるのではないかと思います。そこでちょっと『資本論』第一巻に戻って、岩波文庫版の第二分冊です。その第四篇「相対的剰余価値の生産」から第一一章「協業」のところ。

「多数の力が融合して一つの総力になることから生ずる新たな力能は別としても、たいていの生産的労働にあっては、たんなる社会的接触が競争心と活力（animal spirits）の独自の鼓舞を産み出し、それらが個々人の個別的作業能力を高めて、一緒に集まった一二人の人間は、一四四時間の同時的一労働日に、各自一二時間ずつ労働する一二人の個々別々の労働者よりも、あるいは一二日間継続して労働する一人の労働者よりも、はるかにより大きい総生産物を供給する。このことは、人間は本来、アリストテレスが考えるように、政治的動物ではないにしても、とにかく社会的動物である、ということから生ずるのである」

ここはあまり注目されていない箇所ですが、私はけっこう重要だと思っています。人間は社会を作りますね。社会を作る動物は、どうしても競争してしまう。というのは、社会を作る動物は必ず、指導的な部分とそれに従う部分とに分かれる。ニシンでも、ニシンの群れを誘導している先頭集団がいますよね。イワシやアリもそうです。

先頭集団がある方向を向くと、ほかのイワシやニシンはみんな従《つ》いていくのです。だから、先頭集団が間違えてマッコウクジラの方を向いたら、その集団はマッコウクジラに食われて全滅してしまいます。

マルクスはダーウィンをそんなに詳しく読んでいないのですが、人間の中には競争欲や優越欲みたいなものがプログラムされていることを前提にしますから、ここでも社会的接触が競争心と活力を生み出すのだと書いています。みんなで仕事をさせると自然に競争をするから、はるかに能率があがる。競争がない社会を作り出すことはできないとマルクスは見ています。競争はある程度抑制することはできるかもしれないけれど、資本主義は競争を過度に煽《あお》ってきます。そうすると人間はすり切れていってしまう。

今の価値観から脱出する

この講座で『資本論』を読んでいくことでわれわれが具体的に何を学ぼうとしているかというと、もうお気づきの方はいるでしょうが、今の価値観からの脱出です。

お金を稼いで株式時価総額を世界一にする。隣のやつよりも自分の賃金が五〇〇〇円でも一万円でも高い方がいい。そういう今の社会の価値観から抜け出すことができる理論的基礎を作ることです。他にも例えば、「出世すればいいんだ。出世することが自分の価値なんだ」、そういう価値観からも抜け出す。あるいは、何歳になっても大学入試の時の偏差値や出身大学にこだわってコンプレックスを持っている人が異常な数いる。逆に大学に行くことができなかったからと、人生を半分くらい諦《あきら》める人もたくさんいる。そんなケースは人間の競争欲を異常な形で肥大させた、この資本主義社会から出てきた歪《ゆが》みなのだと論理的に押さえておけば、世間のおかしな現象に対する耐性がつくのです。自分の置かれた立場を客観的に、冷静に見ることができるようになるのです。ですから、『資本論』の論理をきちんと押さえておくことは、鬱《うつ》になりにくくなるという点でも効果がある（会場笑）。

それから、資本主義がある段階より先に行くと、物事は偶然の要素がかなり強くなります。これは『資本論』の利潤とか利子、擬制資本などという箇所を読むと見えてきます。

いま生きることは、楽ではありませんよね。その楽ではない状況を、どうやったらわれわれは生き抜くことができるのかと言えば、明らかに病んでいるこの社会の構造をまず、きちんと見極めることです。病んでいる社会の構造はどこから来ているのかと言えば、労働力が商品化されることによって、すべてが商品になった。われわれの欲望というのは充《み》たされることがない。過剰に欲望を刺激する形で商品をどんどん購入させないと、この社会は成り立たないのだから。こういう仕組みから来ているのです。

利子をどこから見つけてくるか

ずっと申し上げているように、『資本論』第一巻はマルクス自身が書いたわけです。書き直して、第二版まで改訂している。第二巻と第三巻は草稿までしかない。特に第三巻の草稿は極めて粗いものしか遺されていませんでした。ですから、『資本論』の第二巻以降、岩波文庫の分冊で四冊目以降はエンゲルスがまとめた。文体が違うのはもとより、注の付け方やスタイルが全然違います。文学作品からの引用などもほとんど姿を消しています。マルクスとエンゲルスは思考がはっきり違うのですね。それがいちばん明瞭《めいりょう》に表れるのは、地代論です。土地に関する値段をどういうふうに位置づけるか、二人の思考は全然違うものになっています。

ただ、この限られた六回の講座はヘリコプターで山脈の上を飛んでいくようなものです。地代論は山脈を下支えしている部分なのですが、ここに踏み込むとかなり時間を取られるので、あえて触れずにおきます。

地代論と同じ第三巻で展開される利子論は錯綜しています。宇野弘蔵は、マルクスの利子論は完全に間違えていると考えているんです。マルクスの利子論はこうなっています。年取った資本家が「もう俺は経営にくたびれたぞ。人を雇ったりとか、労使交渉とか、面倒くせえ。技術革新についていろいろ知るのも大変だし、販売も大変だ。だから、お前に任せる」と、若い人に任せることにしてカネを渡す。そうやって実質的に会社を運営し始めた若い資本家は利潤を得ると、その一部を利子として先代に渡す。

これは一見すると、経営と所有の分離という形で、現在の株式会社に近いモデルにも見えますが、原理的に成り立たないんです。どうしてかというと、資本家というのは少しでも多くの自己増殖を求めていくわけだから、「俺、利子だけでいいわ。利潤はいらない。利潤として一〇〇万入るなら、俺は利子分の三〇万でいい」。こんな資本家は原理的に成り立ちません。一〇〇万取れる可能性があるのなら、それを追いかけていくのが純粋な論理の中の資本家なのです。マルクスの利子論はそうなっていません。

では、利子をどこから見つけてくるか。宇野弘蔵は、銀行信用から組み立てていこうとしました。ここを説明するのは大変で、この講座五回分ぐらいかかるから、うんと単純化して事柄の本質にいちばん近づけて言いますね。資本は運動でしょ？　商人だったら何かを買ってきて、それを売ることによって利ざやを得る。しかしどこかから何か買ってきて売るというのは、右から左に流すだけで、新しい価値は生まないわけです。これは商人資本です。それに対して価値を生み出して、システムとして回る資本というのは、労働力が商品化されていることが前提になるわけで、これは産業資本です。資本主義は産業資本を前提としています。

この産業資本の世界の中で、働かないけれども株式を所有している。銀行の口座にカネを積んでいるというだけで利子が入ってくる。土地を貸しているから地代が入ってくる。これは、運動を前提にした本来の資本の論理ではない。けれども、それも資本主義が生み出したものなのです。このメカニズムについて、マルクスは『資本論』第三巻で検討しているのです。

梨《なし》の木に梨の実がなるように

では『資本論』第三巻第五篇「利子付資本」の第二四章「利子付資本の形態における資本関係の外在化」を頭から読んでみましょう。

「利子付資本において、資本関係は、そのもっとも外的なもっとも物神的な形態に達する。われわれはここでは、G—G'を、より多くの貨幣を産む貨幣を、自己を増殖する価値を、両極を媒介する過程なしに、もつのである。商人資本、G—W—G'、においては、少なくとも資本主義的運動の一般的形態は存在している。もっとも、この形態がただ流通部面内にのみ止《とど》まり、したがって、利潤は単なる譲渡利潤として現われるのである。しかし、それにしても利潤は、一つの社会的関係の生産物として表示されており、単なる物の生産物としては表示されていない。商人資本の形態は、いまだなお、一つの過程を、反対の両段階の統一を、商品の買いと売りという二つの反対の行程に分かれる運動を、表示している。G—G'、すなわち利子付資本の形態においては、このことは消し去られている。たとえば、一〇〇〇ポンドが資本家によって貸出され、利子率は五%であるとすれば、一年間の資本としての一〇〇〇ポンドの価値、すなわち$C+Cz'$（Cは資本、z'は利子率、すなわちここでは$5\%=\frac{5}{100}=\frac{1}{20}$）は、$1000+1000\times\frac{1}{20}=1050$ポンドである。資本としての一〇〇〇ポンドの価値は、一〇五〇ポンドである。すなわち、資本は単純な大いさではない。それは、大いさの関係であり、元本として、自己増殖する価値としての自己自身にたいする与えられた価値として、剰余価値を生産した元本としての、関係である。そして、すでに見たように、自己資本をもって機能すると借入資本をもって機能するとを問わず、すべての能動的資本家にとって、資本は、かかるものとして、この直接に自己増殖する価値として、表示されるのである」

要するに、資本というのは絶えず運動していないといけないということで、その中に隠れているのが実際の生産です。

「G—G′——ここではわれわれは、資本の元来の出発点を、定式G—W—G′における貨幣が両極G—G′に縮約されているものを、もつ。このGはG+ΔGで、より多くの貨幣を作り出す貨幣である。それは、資本の本源的で一般的な定式が、一つの無内容な要約に縮約されたものである。それは、完成された資本、生産過程と流通過程との統一、したがって一定の期間に一定の剰余価値を産むもの、である。利子付資本の形態においては、これが、直接に、生産過程と流通過程によって媒介されることなく、現われる。資本が、利子の、資本自身の増殖の、神秘的な自己創造的な源泉として、現われる。物（貨幣、商品、価値）は、いまや単なる物としてすでに資本であり、そして資本は単なる物として現われる。総再生産過程の結果が、一物におのずから具わる一属性として、現われる。貨幣を、貨幣として支出しようとするか、それとも資本として賃貸しようとするかは、貨幣の、すなわち、つねに交換されうる形態にある商品の、所有者の意志にかかる。かくして、利子付資本においては、この自動的な物神、自己自身を増殖する価値、貨幣を産む貨幣が純粋に作り上げられている、そして、それはこの形態にあってはもはやその発生のいかなる痕跡《こんせき》をも留《とど》めてはいない。社会的関係が、一物の、貨幣の、自己自身にたいする関係として、完成されている。資本への貨幣の現実の転化にかわって、ここではただこの転化の無内容な形態のみが示される。労働力のばあいと同じく、ここでは貨幣の使用価値は、価値を、それ自体に含まれている価値よりも大きい価値を、作り出すという使用価値となる。貨幣は、そのものとしてすでに潜勢的に自己増殖的価値であり、そして、かかる価値として貸付けられる。それはこの独特な商品のための販売の形式である。価値を作り出し利子を産むことが貨幣の属性となることは、あたかも、梨果を結ぶことが梨樹の属性であるようなものである。そして、かかる利子を産むものとして、貨幣の貸し手はその貨幣を売る。それだけでは足りない。現実に機能する資本も、すでに見たように、機能資本としてではなく、資本それ自体として、貨幣資本として、利子を産む、というように自己自身を表示するのである」

いま言ったように、資本というのは絶えざる運動です。そして、必ずしもカネが資本ではない。ここは前にも言いましたね。例えば大量のボールペンを作っている人にとっては、ボールペンが資本です。あるいは私にとって『資本論』は読んで消費するものだけども、岩波書店にとっては、これを売ることで岩波書店を維持し、岩波書店の労働者の労働力を購入するための資本です。あるいは、岩波書店の書籍編集で労働している編集者も、資本としての運動をしています。資本は必ずしもカネだけではなく、商品にもなるし、人間が労働しているなら、そのプロセスにもなる。運動体なんです。

ところが、多大なカネがあれば、それを貸し付けて、利子が出てくる。そういうフェティッシユ、物神性が出てきちゃう。あたかも梨の木を買えば、梨の実がなるように。このマルクスの比喩《ひゆ》は必ずしも正しくないですけどね。梨の実がなるためには、肥しをやったり、いろいろ面倒を見たりしないといけませんから。しかしともあれ、持っていさえすれば価値が増えてくるとなると、だんだん資本の中の運動を意識しなくなってくる。ここは、それを言っています。

カネを持っている人ほど偉い

続けましょう。

「こういうこともまた歪曲《わいきょく》される。利子は利潤の一部であるにすぎないのに、すなわち、機能資本家が労働者から搾《しぼ》り出す剰余価値の一部であるにすぎないのに、いまや逆に利子が、資本の本来の果実として、本源的なものとして、現われ、そして利潤は、いまや企業者利得の形態に転化されて、再生産過程でつけ加わる単なる添加物や付加物として現われる。ここにおいて、資本の物神態容と、資本物神の観念とは、完成される。G―G′において、われわれは、資本の無内容的形態を、生産諸関係の最高度の錯倒と物化とを、すなわち、利子を産む態容を、資本が資本自身の再生産過程に前提されている単純な態容を、もつ。それは、貨幣が、あるいは商品が、再生産から独立にそれ自身の価値を増殖する能力――光りかがやく形態における資本神秘化である」

この「貨幣が、あるいは商品が、再生産から独立にそれ自身の価値を増殖する能力――光りかがやく形態における資本神秘化である」とは、カネがあるならば、そこからカネがカネを生み出していく、という発想です。カネはさびしがり屋だから、仲間を求めて集まってくるという話になっていくわけですが、これが資本の神秘化ですね。マックス・ウェーバーなどの発想も、実はここから出てくるのです。市民社会が最初にできた時は、要するに農村が分解されたばかりで、みんな同じような立場だった。その中で能力のある人、あるいは働き者が資本家になって、怠け者はプロレタリアートになった。だから自業自得《じごうじとく》なのだというわけです。

そうすると、戦前にあった制限選挙制、つまり納税額によって選挙権が制限されることが、なぜ起きたのかもわかりますよね。「おカネを持っている人は働き者である。そして能力がある。だから、きちんとした判断をすることができる。そういう人が国会議員を選ぶべきだ」という発想です。これも資本の神秘化、物神化のところから出てきたものです。「おカネを持っている人ほど偉いんだ」というのは、資本の物神化です。

原田マハさんが、私の『外務省に告ぐ』という文庫本の解説を書いてくださいました。彼女は昔、ニューヨーク近代美術館と交渉している時、面白いことに気がついたと書いています。渡米すると、「どこのホテルに泊まってるんだ?」と必ず聞かれる。だから、いつも高級ホテルに泊まることにしたと言うんです。アメリカでは、どんな値段のホテルに泊まっているかで、その人の権限や地位を見るからです。アメリカ人は基本的に金持ちを尊敬します。これはおそらくイギリスやロシアなんかでは起きない。彼らは必ずしも金持ちを尊敬するわけではない。このアメリカ的な価値観に表されているのは、やはり資本の神秘化です。金持ちがどうして尊敬されるかというと、金持ちは個人ではなく、自己増殖をしていく資本と見なされているからですね。金持ちの体の向うに透けて見える資本をアメリカ人は尊敬するわけです。

貨幣は差異を消していく

さあ、先へ行きますよ。

「資本を、価値の、価値創造の、独立の源泉として説明しようとする俗流経済学にとっては、もちろん、この形態は見つけものである。この形態においては、利潤の源泉はもはや認識されえず、資本主義的生産過程の結果は——過程そのものからは切り離されて——一つの独立的存在を与えられるからである」

「俗流経済学」というのは、マルクスの言うところの近代経済学のことですね。いまの主流派経済学です。主流派経済学はそもそも価値論なんてやりはしません。そして、労働力のところから価値が出てくるという運動にも関心がない。だってFXや株式投資をやるのに、そんな関心は不要でしょう？　あるのは、個人の才覚によっていかに富を増やすことができるか、という発想です。

実は株式資本というのは実体の資本ではなくて、資本そのものが商品になって売買されている形、つまり擬制資本なんです。資本の運動はその背後に全部隠れてしまっている。株式資本は、実体的な産業資本などの利潤を擬制資本である株式に持ってくる、というのがマルクスの論理ですね。

なかなかすぐにはわかりにくいと思いますけれども、『資本論』の構成は、流通論――これは比較的丁寧にやりました。商品から貨幣が出てきて、どうやって資本になるのか――、それから生産論――この話もやりましたね――、そして最後の分配論からなります。分配論にも少し触れてきましたが、資本家と地主の間の分配、資本家と資本家の間の分配、そして実際に物を作ったりサービスを生産している実体的な資本と擬制資本（架空資本と翻訳されることもあります）である株式、利子、地代、そんなものとの間の分配を扱います。

「貨幣資本において初めて資本は商品となった。すなわち、自己を増殖するというその性質が、そのつどの利子率において示されている一つの固定価格をもつ、という商品となった。

利子付資本として、しかもその直接的形態において利子付貨幣資本として（ここで、われわれに関係のない利子付資本の他の諸形態は、この形態からさらに派生したものであり、この形態を前提するものである）、資本は、その純粋な物神形態、G—G'、を、主体として、売られうる物として、与えられる。第一には、資本がたえず貨幣として存在することによって、である。それは、資本の一切の規定性が消し去られて、資本の現実の諸要素が見えなくなっている一形態である。まさに貨幣こそは、使用価値としての諸商品の差異が消し去られ、したがって、これらの商品とその生産条件とからなる諸産業資本の差異もまた消し去られている形態である」

おぼえていますか？　生産資本の過程だったら、例えば物を作るのでも、餃子《ギョーザ》を作るのとボールペンを作るのとは違いますよね。商品として出てきた場合、例えば『聖書』と『レーニン全集』とアダルトビデオ『モスクワでナンパした人妻』は商品として全部違っている。ところがそれを売ってカネになったら、『レーニン全集』から出てきたカネも、矢野絢也《じゅんや》元公明党委員長による告発本『私が愛した池田大作』から出たカネも、アダルトビデオを売って得たカネも、全て同じになる。貨幣になると、その差が見えなくなってしまうわけですね。

だから、貨幣形態というのは、どうやってカネを稼いでいるのか、われわれ一人ひとりがどういう労働に就いて、社会的にどんな意味のある商品を作っているのか、それらを全部消し去ってしまう魔法の力があるわけです。

魂の労働

これは裏返して言うと、貨幣ではない局面においては、必ずしも同一労働が同じ形に還元されないわけです。例えば日本女子大学の渋谷望《のぞむ》さんが〈魂の労働〉という概念を導入したことがあります。どういうことか？　つまり、なぜあれだけ賃金が安いのにもかかわらず、大学卒業者が介護労働に従事するのか。それは介護というのが神聖な事柄であって、魂の労働であるからだ、と言うのです。それを担保しているのは社会的な価値の付与です。それによって低賃金が認められる。大学を出てヘルパーの資格を持って介護をしている人は、ヘルパーの資格を持っていれば家政婦派遣会社に登録してお手伝いさんをやることもできるのだけれども、金持ちの家でお手伝いさんをやるのは自分のプライドが邪魔をする。そんな心理が働くわけです。

あるいは、鈴木涼美《すずみ》さんという人がいます。彼女自身が高校時代に横浜などでよくアダルトビデオのスカウトマンに声をかけられていたのだそうです。それで慶應大学に入ってから参与観察ということで、福田和也ゼミでアダルトビデオの現場の研究をし、慶應から東大に行って修士号を取った人です。青土社から『「AV女優」の社会学』という本を出しました。

AV業界内部の参与観察が優れています。AV女優の風俗業での勤務を、業界としてはすごく嫌がるのだそうです。風俗で簡単に接触できるようになってしまうと、アダルトビデオとしての商品価値が落ちるからです。彼女たちはまず単体女優になるわけですが、単体女優の方が労働は圧倒的に楽だし、賃金も高い。ところが単体女優って、半年とか一年とか寿命が短いんですね。それで同じAVでも、非常にハードで、誰もやりたくないようなとんでもないプレイとかの仕事が入ってくるし、賃金も減っていくけれども、そこからやりがいとか価値観とかが女優さんに芽生えてくる場合もある。変形した〈魂の労働〉が生まれてくるわけです。

ただ、これは貨幣形態以外のところで出てくる問題です。貨幣形態になってしまったら、すべてそういった差異が消し去られてしまう。これが貨幣の怖さですね。

人間にも値段はつく

『資本論』の「利子付資本」の箇所を続けます。

「それは、価値——およびここでは資本——が、独立の交換価値として存在する形態である。資本の再生産過程においては、貨幣形態は、一つの消過的形態であり、一つの単なる通過契機である。これに反して、貨幣市場では、資本はつねにこの形態において存在する。——第二に、資本によって産み出される剰余価値が、ここではやはり貨幣の形態で、そのものとしての資本に属するものとして現われる。成長が樹木にとってそうであるように、貨幣を産むこと（τόκος〔産むこと、利子の意となる〕）が、貨幣資本としてのこの形態における資本に固有であるように見える。

利子付資本においては、資本の運動が簡単なものに縮約されている。媒介過程は省略されており、かくして一〇〇〇という一資本は、それ自体として一〇〇〇であるとともに一定期間中に一一〇〇に転化される一つの物として、固定されている。あたかも、あなぐらにある葡萄酒《ぶどうしゅ》が一定期間の後にはその使用価値をも良くするように、である。資本はいまや物である、しかし、物として資本である。貨幣はいまや体内に恋をもつ。それが貸付けられるや否《いな》や、あるいはまた再生産過程において投下されるや否や（その所有者としての機能資本家に、企業者利得からは分離された利子をもたらすかぎり）、それには利子が生まれて行く、――寝てもさめても、家にいても旅に出ても、夜も昼も。かようにして、利子付貨幣資本において（そして一切の資本は、その価値表現からすれば、貨幣資本である、または、いまや貨幣資本の表現と見なされる）、貨幣退蔵者の敬虔《けいけん》な願望は実現されているのである」

「貨幣退蔵者」というのは、カネを甕《かめ》に詰めておくような業突《ごうつ》く張《ば》りのことです。しかし資本主義では、カネを持っているのに貯《た》め込んでいるだけで投資をしないなんてことは、貨幣所有者の中にある資本家としての恋、所有する貨幣の体内の恋が許してくれないのです。

だから現実に、電話がかかってくるわけですね。携帯電話に0120で始まっているところからかかってくると、「何々証券ですけれども、投資しませんか」とか小口の融資だとか、そんな相手ですよね。あれはまさに貨幣が体内に孕《はら》んでいる恋の反映なのです。

さきほどから言っているように、ここのポイントは、「資本はいまや物」になったということです。物、すなわち商品になった。資本が商品となったものは何かを乱暴に言えば「株式」です。

ちなみに、人間も物として値段をつけることができますね。人身売買以外で、合法的に。何でしょう？

（受講生N　生命保険。）

正解。生命保険というのは、人間の生命自体が価値を持っていると擬制されています。保険料によるけれども、その人の生命が失われた時に生命の対価として支払われるわけですね。他にも、事故で生命を失った場合の補償も同じです。生命保険同様、人間の生命が価値があるものと擬制されます。だから、偏差値四五の中学一年生が車で撥《は》ねられて死んだ時と、偏差値七八の子どもが車で撥ねられた時とでは、裁判所で認定される補償額が違うのです。偏差値七八の子どもは、その後高級官僚になったり一流企業に入ったり弁護士になったりする蓋然性《がいぜんせい》が高いという判断で、生きていたら稼げたであろう生涯所得の額が高く見積もられるので、補償金が高くなる。こういうふうに、資本主義ではあらゆるものをカネに置き換えることができる。でも、合法的に人間をカネに置換することができるのは、死んだ時だけです。それ以外は人身売買になってしまいます。ですから、合法的に自分自身がカネになる時、そこに自分自身はいない——そんな構造にはなっています。

あ、もう時間をずいぶん過ぎてしまったから、今日はここまでにしましょう。株式については次回にします。

『資本論』の論理では、株式会社は協同組合と限りなく近いもので、理想的な経営形態だと読める要素もあるのです。しかし、私はその立場をとりません。もし私の立場に比較的近いところで捉《とら》えてもらうのならば、本を二つ紹介しておきます。両方とも既に紹介したことがあります。一つは宇野弘蔵の『経済原論』、この本の二一九ページから二二一ページ。もう一つは鎌倉孝夫さんの『資本主義の経済理論――法則と発展の原理論』。この本の最後、三二四ページからの「擬制資本の形成、資本の商品化」という項目。これらを読んでおいていただくと参考になります。

次回は株式資本が擬制資本であるという話をして、最終的にマルクスが言う「階級」とはどういうものなのか、つまり『資本論』第三巻のいちばん最後の部分について考えたいと思います。

階級の部分、すなわち岩波文庫の『資本論』第九分冊の第五二章「諸階級」は、わずか見開き二ページで終わっています。マルクスの思考はここで中断されている。でも、これは非常によくできた完結部分で、第一巻の冒頭が商品から始まり、第三巻の末尾で「この社会は階級からできている」という結論で締めくくられる。そして階級について理解するためには、商品を理解しないといけない、という円環を描く体系になっています。これも『資本論』が刺激的なところです。

〈質疑応答〉

受講生O この前の課題に繋《つな》がる話ですが、貨幣と通貨とは重なるものなんでしょうか？ そこをすごく悩んでしまいました。例えば私がいま使っている一〇〇〇円札は、貨幣ではなくて資本と捉えることもできるのでしょうか？

佐藤 通貨とは流通貨幣の略称で、価値尺度とか貯蔵機能だけではなくて、流通機能をきちんと持っているものを指します。ビットコインは、ある人々の間では流通しますが、社会の大部分の領域では流通しません。またビットコインで税金を支払うこともできません。ですから、ビットコインは完全な通貨とは言えません。

あと、私が持っている一〇〇〇円札が、さて資本なのかどうなのか。これは、そのお金の使い方によります。私が帰り道に、吉野家で牛丼《ぎゅうどん》あるいは牛鍋《ぎゅうなべ》とビールと白菜の漬物なんかでこの一〇〇〇円札を使ったら、それは資本ではない。ところが、この一〇〇〇円で仮に株を購入すると、資本として使ったことになります。要するに使い方で変わってきます。

受講生P　金に換えられるものだけが通貨だ、というお考えでしょうか？

佐藤　ええ、論理的に詰めていくと金に換えられるものが通貨だという考えに私は立ちます。それは二つの理由があって、一つは自分のソ連末期の実体験から、貨幣が最終的に物で裏打ちされていないと貨幣ではなくなるところを見た。もう一つは、ニューヨークの連邦銀行の地下になぜ金があんなにあるのか？　しかもあれ、ときどき移動させるんです。日本銀行の持っている金がニューヨークの連銀に動いたり、ニューヨークの連銀の金が日本へ動いたりする。わざわざ、そんな金を移動するだけのつまんないゲームをやるのは、やはり人間が金というものから離れることができないからだな、と思うんです。

受講生Q　先ほどの質問への答えで、株式に使ったら資本になるというお話でしたが、資本が運動である以上、下がる可能性もありますよね。

佐藤　そうです。私の一〇〇〇円札が資本の運動に巻き込まれるのです。資本の運動は、『資本論』を読むとわかりますけれども、単純再生産、拡大再生産、縮小再生産とあって、縮小再生産すると資本は少なくなっていきます。しかし、原則として資本というのは自己愛が強いですから、縮小再生産はしないわけですが、意図せずして縮小再生産になることがあるんです。

受講生Q　ありがとうございます。

佐藤　では、次回のレポートの課題を発表します。二つの問いを出しますが、それぞれの中に二項目あります。一問目は「協業について簡潔に説明せよ（二〇〇字）」、そして「人間はなぜ競争をするのか。資本主義が競争に与える影響について言及し、論ぜよ（一〇〇〇字以内）」。競争は超難問です。『資本論』を読んでも『資本論』の解説書を読んでも答えは出てきません。自分の頭で考えるしかない問題です。

二問目は、まず「株式は商品に分類すべきか、それとも貨幣に分類すべきか（二〇〇字以内）」。これは答えを言っちゃうと、商品なんです。なぜそうなのかをちょっと考えてみて下さい。それから、「以下の見解は正しいか、それとも誤っているか、あなたの意見を記しなさい。『株式は売買の対象となる。しかし、資本主義の原理的関係の中では、この売買は一般的に実現されない。このことは、資本自体の商品化が擬制資本によって可能になるということを意味する。従って、擬制資本は現実資本から独立して、自立的に存立することはできないという結論が導かれる』（一〇〇〇字以内）」。

この見解は、鎌倉孝夫さんの『資本主義の経済理論——法則と発展の原理論』の基本的な見解を私なりに要約したものです。正統派系、共産党系、あるいは社会主義協会系の向坂逸郎さんあたりは、株式に関して違った見解になっています。あるいは柄谷行人さんの言う協同組合論とも、私は考え方が違います。私は、株式というのは資本主義社会の最高形態であるけれども、同時に株式資本は擬制資本だから、資本主義では実現できない、それと同時に、労働力の商品化も本当は実現できない、と考えています。なぜなら、人間は物ではないから、究極的には商品化できない。

株式と労働力商品化、この二つの〈不可能の可能性〉を追求しているところに、資本主義の最大の問題があると私は思っている。ただし、このへんのところは、実は『資本論』の枠を越えて、経済哲学の話になります。つまり、どういうものの考え方に立って世の中を見るかという問題になって、さっき言った趣味の問題、差異の問題になる。すなわち、〈正しい／間違えている〉ということが判定できない領域に入ってしまうのです。しかし、「株式は商品か、貨幣か」という問題ならば、『資本論』の論理に従って、どちらが正しいか比較的きちんと説明できるはずです。

6 直接的人間関係へ

『資本論』を宗教から解き放つ

今日が最後の講座になりますが、提出いただいた答案を拝見する限り、みなさんすごくよくできています。『資本論』に対する理解が深まっていると同時に、読んで下さいと言った宇野の『経済原論』その他もきちんと読んでいただいているので、しっかりとした答案になっている。また、「なぜ人間は競争するのか」なんて問いにも、自分自身の抱えている問題にも触れながら深く書いていただいて、これも非常によかった。ですから、もうこの講座の目的は、ほぼ達したんじゃないかなと思います。

一つだけ読んでみましょう。答案自体は満点ですが、追加の質問があって、この講座の本質的な問題に関わる話ですから、紹介します。

「私は『経済原論』を読みこなす力はないと思って、経済学入門書を読んでこの講座に臨みました」と。そして、「課題に対するレポートで議論が混乱していると、常に評された者です。入門書などでインスタント独学の私ですから、充分に目配りできていないとは認識していますが、例えば答案を書く時、宇野弘蔵というフィルターをかけたら最後までかけ通さないといけないということでしょうか」

これは、最後までかけ通さないといけません。宇野の方法論で書き始めたら、最後まで宇野で行く。正統派の方法論で書くのだったら、正統派で論理は一貫させないといけない。右側通行と左側通行を一緒にしているような交通ルールにすると、錯綜《さくそう》してしまって何を言っているかわからなくなるんです。むろん、「この説にはこういう反論がある」という形で押さえているのはいいんですよ。

前回も触れたことですが、講座の最後ですから、もう一度言いますね。なぜ、われわれはマルクスなどという古いものに立ち帰らなければいけないのか、なぜ『資本論』なんて読まなければいけないのか？　仮にこれが役に立たないものだったら、ここにいるみなさんと私は壮大な時間の無駄遣いをしていることになります。そしてもしマルクス経済学がソ連型社会主義を論理立てているものだとしたら、あれはもうガタガタに破産した社会主義です。あんな体制よりは、後期資本主義の日本とかアメリカとかイギリスとかドイツの方がずっとマシであることは間違いない。それでは『資本論』を読む意味はないんじゃないか？　そう思いませんか？

かつてスターリン主義が、大きな影響力をもっていました。エンゲルスとスターリンは、生産力と生産関係の矛盾という観点で物事を考えます。そしてそこに唯物《ゆいぶつ》史観という作業仮説を入れた。歴史は原始共産制から奴隷《どれい》制、封建制、資本主義、社会主義、共産主義へと発展していくのだとした。生産力をあげていけばいくほど、働かずして物がたくさんできるから、労働者は楽になるなんていう生産力神話を進めていけば、地球環境を破壊して、人間が生きていけなくなってしまいますからね。労働力商品化が究極的に不可能なのと同じです。生産力の限界を知った上での経済活動でないといけないのです。しかし、彼らのこの呪縛《じゅばく》からいまだに逃れることができていない人たちは、けっこういます。

レーニンの〈外部注入論〉という考え方もあります。労働者って、日常的に労働現場にいますよね。日々、自分たちの階級関係を再生産しているわけです。そうなると、資本主義のイデオロギーの中に組み込まれてしまっている。だから、出世したいとか、貯金をして少しでもお金を増やしたいとか、職場を変わって少しでも賃金の高いところに行きたいとか、そういう思いに囚《とら》われている。さらに、資本主義の前提に労働力商品化があるから、労働者というのはそもそも商品経済の枠から外れることもできない。だからレーニンは、労働者からの自発的な形での革命などはできないと考えました。労働者ではなくて、労働者から離れたところにいる前衛、つまり知識人が「世の中のからくりはこういうふうになっているんだよ」と教えてあげるから、労働者は従《つ》いてくればいいとした。その前衛を代表しているのが党ですよね。日本共産党の機関誌が「前衛」という名前なのは、そういう意味があるからです。労働者は党の言うことを聞いていればいい、代わりにわれわれが考えてやるからとなる。そうなると、マルクスが元来持っていた「自分自身は今どういう立ち位置にいるのか？」「自分のいる位置を認識して、そこからこの状況をどういうふうに変化させていけばいいのか？」という根源的な姿勢が消えて、いつの間にか、党の指令を忠実に信じて遂行しないといけないという方向になっていった。これはもはや宗教です。そんな共産党はけしからんと言う新左翼の、例えば革マル派とか中核派とか、ブントとか第四インターとか、批判勢力もありました。しかし彼らも同じ構造になっていくわけです。

エンゲルス、レーニン、スターリンの流れでのマルクスの読み方は、最終的には宗教になってしまった。そして『資本論』を宗教経典として扱うようになった。だから、『資本論』に関しては一字一句変えてはいけない、理解ができないのはお前の問題だ、となりました。しかし、優れたテキストはすべて複数の読み方ができるのです。これは解釈や翻訳の根本です。

そこで、一冊本を紹介しておきます。宇野弘蔵の『経済原論』はわかりにくいので、日高普《ひだかひろし》という宇野弘蔵の弟子に『経済学』という本があります。一章ごとに、例えば「資本主義経済と自然との関係を論ぜよ」とか、「現実の経済を理解するために、なぜ資本主義の原理を理解しないとならないのか」とか、「資本主義の原理を理解するのに、商品の分析から始める理由を述べよ」とか研究問題がついていて、その答えも見つかるようになっていますから、宇野体系の方で基本的な線を一回押さえておきたいのなら、この本を使っていただくといいでしょう。

私、これを二冊持っていますので、この質問を書いた方に差し上げますから、よろしかったらぜひ使って下さい。こんな質問は大歓迎なんです。「こういうやり方の勉強でいいんだろうか。私の答案はなぜ『議論が錯綜している』とか、『スターリン主義じゃないか』とか、そういうメモが入るのか。どうしてなんですか」って聞くのは、

ものすごく大切なことです。

（今回は模範回答をあえて載せません。読者の皆さんも考えてみて下さい）

資本主義の二つのフィクション

今日は、株式の話です。前回の最後に言ったように、株式というのは商品です。これは貨幣ではない。どうして？　例えばＪＡＬの株は一度ゼロになりましたよね。貨幣では、そんなことはあり得ないわけです。貨幣には価値尺度としての機能、それから流通手段としての機能、蓄蔵手段としての機能があって、為替レートが変わるとしても、貨幣の機能自体がまったくなくなってしまうことは本来の性質からしてない。ビットコインとは違うのです。

株式は貨幣でなく、商品です。そして、それを持っているだけで利潤が出てきます。所有によって利潤が出てくるというのは、ある意味では資本の理想です。土地を持っている人は地代をもらう。労働をする人は労働に対する対価として賃金をもらう。そして、資本に対する対価が利子となる。

ところが、これは実際には機能しない理念の中でしか存在しないものです。『資本論』の分配論を読むとわかりますが、株式というのは、現実に生産をしている資本の方から擬制資本の方へと取ってくるわけですよね。このフィクションである株式へとカネがたくさん流れ込んで来て、株式がひとり歩きできるかに見える。結果として、実体経済からはかけ離れていき、資本の理念は貫徹できない。

実はこれまでのところでもう一つ、フィクションがありました。労働力商品化の問題です。人間は物ではないから、労働力の商品化も本当はできません。労働力商品は資本主義システムで作ることができないんですよ。労働力は、例えば明日働く力というのは、食事をして、風呂《ふろ》に入って、新しく洗った服を着て、家でちょっとテレビを観《み》てリラックスして、家族と話をして、という具合に家庭の中で作られるものです。資本によって作ることができないのです。

でも、資本の理想としては、少しでも利潤を上げたいから、本当は労働者を二四時間働かせたいわけですよ。しかしそれは無理なんです。どうして？　そんなことをすると人間は死んじゃうから。だから資本主義は、その根源である労働力商品化と、資本を持っていれば利子が入ってくる擬制資本、この二点において幻想の上に構築されているのです。ただし、そのフィクションを、みんなが信じている。非常に強い共同主観性があるから、みんながそれを当り前のものであり、変えることができないと思い込んでいる。そんなふうに解釈しているのが、この講座の通奏低音である宇野学派の『資本論』解釈です。

共同主観性というのは何か。例えば就活で企業の面接に行く。面接は人物重視なのだから、ジャージで行っても、柔道着で行っても、本来かまわないわけですよね。それがなぜみんなリクルートスーツを着ていくのか。それはリクルートスーツを着ていくものだという共同主観性があるからです。あるいは、家の中に入る時、僕の靴はきれいな靴だからと、土足でそのまま入っていくのは極めて失礼でしょう。あるいは暖かい日に裸で道を歩いてもかまわないのに、なぜそれができないのか。そういった当り前と思えることが、実は当り前ではない。当り前なんだから何でも自由にできるかというと、そうもいかない。そんな社会の掟《おきて》みたいなところへも『資本論』の論理は繋《つな》がっていきます。

利子も配当も

では、今日はまず『資本論』第三巻、前回から少し飛んで第二七章を途中から。株式制度のところです。

「株式制度――それは、資本主義体制自体の基礎の上における資本主義的私的産業の止揚であり、それが拡大されて新たな生産部面を捉《とら》えるのと同じ範囲で、私的産業を滅ぼす――から離れて見ても、信用は、個々の資本家または資本家と見なされる者に、他人の資本および他人の所有にたいする、したがってまた他人の労働にたいする、一定の限界内で絶対的な支配力を与える。自己の資本ではなく社会的な資本にたいする支配力は、彼に、社会的労働にたいする支配力を与える。人が現実に、または公衆の意見において、所有する資本そのものは、もはや信用という上部建築の基礎となるのみである。とくにこのことは、社会的生産物の大部分がその手を通過する卸売商業にあてはまる。一切の尺度は、資本主義的生産様式の内部ではなお多かれ少なかれ是認される一切の弁明理由は、ここでは消失する。投機する卸売商人の賭《と》するものは、社会的所有であって、彼の所有ではない。資本の起源は節約にありとする文句も、同様にばかげたものとなる。なぜならば、彼はまさに、他人が彼のために節約すべきことを求めるのだからである。〔近時全フランスがパナマ運河山師のために、一五億フランを貯蓄した如《ごと》きである。だからここでは、全パナマ詐欺《さぎ》が、それの起こるよりもまる二〇年前に、正確に記述されていることになるではないか。――F・E〕」

F・Eというのはフリードリヒ・エンゲルスがつけた注ということね。

「もう一つの、節欲にかんする文句を、いまやそれ自身信用手段にさえもなる彼の奢《しゃ》侈《し》によって、真向からやっつけられる。資本主義的生産のより未発展な段階ではまだ意味をもつ諸観念も、ここでは全く無意味になる。成功も失敗も、ここでは同時に諸資本の集中に、したがって最大の規模における収奪に、至らしめる。ここでは収奪は、直接生産者から小中の資本家そのものにまで及ぶ。この収奪は、資本主義的生産様式の出発点である。この収奪の遂行は、この生産様式の目標であり、しかも結局においては、一切の個々人からの生産手段の収奪である。すなわち、生産手段は、社会的生産の発展とともに、私的生産の手段および私的生産の生産物であることをやめるのであり、そしてもはや、それが結合生産者たちの社会的生産物であるのと同じく、彼らの手にある生産手段、したがって彼らの社会的所有でありうるのみである。しかし、この収奪は、資本主義体制そのものの内部では、反対の姿をとって、少数者による社会的所有の取得として、現われる。そして信用は、これらの少数者に、ますます純粋な山師の性格を与える。所有は、ここでは株式の形態で存在するのであるから、その運動と移転は、全くただ取引所賭博の結果となり、その際、小魚は鮫《さめ》に、羊は取引所狼《おおかみ》に呑《の》み込まれてしまう。社会的生産手段が個人的所有として現われる古い形態にたいする対立は、株式制度においてもすでに存在する。しかし、株式の形態への転化は、それ自体なお、資本主義的限界の中に囚われている。したがって、社会的富と私的富という富の性格のあいだの対立を克服するのではなく、ただこれを新たな態容で完成するにすぎない」

ここはマルクスもけっこう議論が錯綜しています。一見すると、株式制度は資本主義的私的産業の止揚であり、それが発展されて新たな生産部面となり、私的産業を滅ぼし、株式会社がある意味で協同組合となってくる。つまり、マルクスは株式会社を理想的な資本主義の発展と見ている、と解釈をする人も出てきます。われわれはそういった解釈はとらない。

このへん、前回から小当たりに触れている議論ですが、丁寧に繰り返しましょう。資本は本来、運動していくものですね。運動していく資本が株式という形になって商品となる。株式を買っても、儲《もう》かるか儲からないかわからない。そこで、株式とは別の形で、銀行から借り入れもする。例えば、会社が何らかの形で事業を拡大する時、銀行から融資を受ける。銀行で融資を受けたら、利子をつけて返さないといけない。株式の場合は、返さなくていいですよね。

逆に貸し付ける側からすると、金利があるのだから、貸し付けたら必ず利子を取ることができる。その利子は産業資本が運動をすることによって、それ以上の利潤を得た中から返すものですよね。要は、おカネを持っているから、そのおカネを貸し付けたから、利子がもらえる。借りた側は、借りた資金を返すだけでなく、利子を付けて返す義務がある。これが擬制資本の発想ですね。しかし、この背後には産業資本の動きがある。だから、貸し付けた会社が事業に失敗すると、焦《こ》げ付きが起きるわけです。

株式の場合は、運動体として動いている資本を、これが商品であると擬制する、フィクションにする。その上で、売買をやっていく。ただし、株式の売買に関しては利子と違って、一定の利益を得られる保証はどこにもない。それから株式を販売して資金を手に入れた企業の側は、それを自己資本と同じように会社の資本として使うことができ、返済する必要はない。仮に会社が利潤を得られない場合は、無配当になるだけ。東京電力みたいな感じですよね。

一般論としては、株式に投資する人も、銀行に預金を預ける人も、自分のところに入ってくる配当もしくは利子に期待しているわけです。それで利子よりも株式の配当の方が高いと想定されたら、一定のリスクを負担しても株式を買う。ただ株式自身が商品になっているから、このメカニズムで配当はいくら出るかということとは別に、株式自身が商品として売買されるようになる。この株は優良だという期待、この株はこれから下がるのではないかといった目論見《もくろみ》によって売買される株式の市場ができてくる。しかし、そこで出てくる利潤は、物を作ったり、サービスを行ったりしている資本から出てきた上前をハネているんだよ、というのがここでの議論なんです。

世の中のシステムを疑わない

それからあともう一つ、ここでの議論で錯綜した形で出てきているのは、そもそも最初に資本主義が始まった時、誰が資本家になって、誰が労働者になったのか？　マックス・ウェーバーなどの考え方だと、みんな同じところでスタートしたんだ、と。かつて、人びとは封建的な体制の中で土地に縛られていた。その土地を離れて、自由に動けるようになった。その代わり、土地や原材料といった生産手段を持っていないから、自分の労働力を売って働かないといけない。その中で働き者、勤勉な人はやがて資本家になり、怠け者が労働者になった。アリとキリギリス、といった感じの話です。この道筋でみんな考えてきたんですが、マルクスだけは「いや、そうではない。資本主義のスタートには収奪があったんだ」と見た。

ここもこの講座の復習になりますが、「搾取《さくしゅ》」と「収奪」は違いますね。私がコンビニで時給一〇〇〇円でバイトをするとして、その時コンビニは私を雇うことによって絶対に一〇〇〇円以上儲ける。そして、「たった一〇〇〇円は嫌だな」と思ったら、私は断ることができる。労働を強制されているわけではない。そして仮にコンビニは私を雇うことによって一三〇〇円儲ける、つまり三〇〇円プラスになるのなら、この三〇〇円分が搾取になる。こういうことでしたね。

収奪は違います。新宿駅のサザンテラス口を出た所で、「おっさん、いま俺の肩に触ったじゃねえか！　え？　痛え、痛え！　おい、誠意を示せ！　誠意を！」と怒鳴られて、私が一万円を渡す。これが収奪（会場笑）。収奪は、背後に露骨な暴力があるわけです。

先日、冤罪《えんざい》ということで袴田《はかまだ》事件の袴田巌《いわお》さんがシャバに出てきたでしょ。ああいうニュースを見ていたら、私も檻《おり》の中にいた頃のことをつい思い出すわけです。私の時はまだ旧監獄法でしたが、その規則というのが、まず「他人と性的行為をしない」。同性しかいないけれども、禁止になっている以上、そういうことをやる人がいるんですね。さらに、「他人の食品を喝取《かっしゅ》しない」。あれを見た時、私は絶対に雑居房へは行きたくないと思いましたね。「お前、チョコレート買って来て俺によこせ」とか脅すのが喝取で、これも収奪です。

封建時代においては、お百姓の収穫を五公五民とか六公四民とかお上が取っていました。でも、與那覇潤《よなはじゅん》さんの『中国化する日本』を読んで知ったのですが、五公五民や六公四民は実はけっこう農民にとって有利だったんですよ。というのは、太閤検地《たいこうけんち》がベースになっているから、その後の生産力の向上が計算に入っていないんです。

台帳が変わらなかったんです。身分もそうですよね。佐藤の家が足軽で、田中さんの家が旗本なのはどうしてかというと、関ヶ原の戦いで佐藤の一三代前の祖先が軍功を上げたから、ようやく足軽に登用された。田中さんの祖先はもっとすごくて、三〇人斬《ぎ》りをして敵の大将の首を獲《と》ったから、旗本に登用された。徳川時代はそのままずっと身分が変わらないわけでしょ。それと同じで、税金を取り立てる台帳も変わらなかった。いや、体制の保持のために、変えてはいけないわけです。そして実際は、生産力が上がっていました。

でも、ひそかに有利になっていようが、お上に半分出すのは当り前だとみんな思っていたわけですよね。なんでそういうふうに思っているのかと言えば、それは「そういうふうに世の中はなっているものだ」と思っているから、なんです。イソップ物語風に言えば、手足が頭に文句を言うようなものです。「お前はなぜ何もしないで、あれをやれ、これをやれと言って、俺たちをこんなに疲れるまでこき使うんだ?」。そうしたら頭が答えて、「いや、これはそういうような形に最初から決まっているからなんだ」。労働者は手か足のように、自分の境遇を当り前だと思い込んでいるのです。

カネか命か

そんなふうに、合意の下ではないところで取られるのが収奪です。そして、資本の原始的蓄積の過程においては、収奪がありました。封建社会が資本主義へ移行する過程では、暴力を背景として収奪があった。商人資本や金貸し資本は大昔からあったわけですから、資本家はいたんです。やがて彼らが労働力商品化——これは搾取ですね——をガッと摑《つか》んで産業資本が成立し、社会全体に浸透していってシステム化し、資本主義社会になった。このあたり、私は皮膚感覚でわかるんです。なぜなら、一九九一年にソビエトが崩壊した時、社会主義から資本主義に移行する過程でそれを見てしまったから。

旧ソ連時代、弁護士は大学の法学部もしくは法律専門学校を卒業した最も成績の悪い人がなる職業でした。どうして？　まず刑事弁護なんて、予審制度があって、圧倒的に検察が力を持っていましたから、ほぼ意味をなさなかった。それから資本主義社会と違って、社会主義社会においては基本的に犯罪がないとされていました。犯罪がないのですから、「イズベスチア」や「プラウダ」には社会面にソ連国内の犯罪に関する記事は掲載されませんでした。外国の犯罪しか新聞には載らなかった。ソ連国内で切り裂きジャックが出たりすると、噂《うわさ》でしか流れません。それで捕まったら、あとは昔のお白洲《しらす》と一緒で、弁護士はついていても全然守ってくれない。

それから財産に関しては、住宅は国家から貸与されていましたから、本人が死ぬと国家が召し上げてしまいます。そうすると財産の分与と言っても、テレビとソファと洋服ダンスとベッドを誰に分けるか、といったことくらいしかない。だから、弁護士の仕事のほとんどは離婚裁判でした。法学部を出た優秀な人はＫＧＢか内務省か検察庁に行って、箸《はし》にも棒にも引っかからない連中が弁護士になる仕組みでした。

このソ連が崩壊した後、何が起きたかと言うと、民営化証券というのを国民一人ひとりに配る形にして、それを「ヨーイドン！」で投資してもいいし、企業を経営してもいいとしたんです。結局、民営化の美名の下で、腕力のある人たちと政府の高官たちがかつての国有財産をぶんどって、大資本家になっていきました。

この流れを間近で見ていて、私は本当に怖いと思った。日本円にして五億円ぐらいの利権で、だいたい一人死んでいきます。いくら友人でも、この友人がいなくなれば五億円儲かるとなると、殺したいという誘惑が出てくるんですね。そして、ロシアは殺し屋が安かった。難易度によるのですが、だいたい三〇万円から二〇〇万円で殺しを依頼できました。私も「気をつけたほうがいいよ」と注意されたものです。「あんまり恨まれると殺し屋にやられるからね……サトーが始末したい人がいるのなら、いつでも相談してくれ。安くしておくから」（会場笑）。そんな状況でした。私の重要な情報源だったモスクワ建築銀行の頭取が家の前で、マシンガンで蜂《はち》の巣にされるということもありました。

あるいは、スポーツ観光国家委員会（省に相当）がロシアになって新設されたんです。エリツィンがゴルバチョフによってモスクワ市共産党第一書記を解任されて不遇だった時期、誰もエリツィンとは付き合おうとしませんでした。ラトビアのユルマラへ夏のバカンスに出かけた時、エリツィンがテニスをしようとしても、誰も相手をしてくれなかった。ただ、テニスのソ連ナショナルチームのコーチをしていたタルピシチェフという人だけが一緒にやってくれた。タルピシチェフにしても夏だけの関係かと思っていたら、エリツィンが「モスクワに帰ってからも一緒にテニスをしてくれるか」と言うので、「いいよ」とテニス仲間になった。これにエリツィンはいたく感銘して、ソ連が崩壊してロシアの大統領に就任した時、スポーツ観光国家委員会を新設し、彼をそこの議長（大臣）に据え、さらにスポーツ担当大統領顧問にしたのです。スポーツ観光国家委員会はスポーツ振興のために、石油、ガス、魚の輸出ライセンス、それから外国から免税で酒とたばこを輸入することができ、勝手に販売していいとした。これはもうマフィアビジネスそのものでしょう？　当然、スポーツ観光国家委員会にマフィアが集まってきました。

だいたい、旧ソ連が国家で運営していたスポーツ専門学校はたくさんあったんです。そこではオリンピック選手を養成するために、厳しい訓練と規律の下、生徒に筋肉増強剤なんかをバンバン打ってきた。でもスポーツの一流選手になれたり、スポーツ関連の仕事に就けたりするのはごく一握りですよね。そこで脱落した、マッチョで腕力だけは強い卒業生たちは用心棒とか管理売春、麻薬密売などを生業とするマフィアへ入っていくわけです。そういうスポーツ専門学校出身のやつらの闇《やみ》のネットワークを束ねたのがスポーツ観光国家委員会でした。

スポーツ観光国家委員会の次官になったマフィアはけっこう面白い人で、私も親しくしていたんです。ある日、宴会に呼ばれたら、レースクイーンみたいなのがたくさんいて、一人を膝《ひざ》の上に乗せた彼が部下に宣《のたま》っているわけです。「おい、お前ら、世の中でいちばん大切なものは何だ?」「やっぱり命ですかね?」「ふざけたこと言うんじゃねえ、いちばん大切なのは俺さまの命だろうが。何をおいても、親分の命を守るんだよ。その次に大切なのはカネだ。その次がロシアの国益だ。お前らの命はその下だ。よくわかったか」なんてやっていた。この男は、モスクワ国立大学の女子学生と一緒に歩いていたところを拳銃《けんじゅう》で撃たれ、この時は助かりましたが、次は自家用車の中で撃たれ、さらに頭をぐしゃぐしゃに割られて殺されてしまいました。何かの利権の抗争でした。

結局、この種の収奪の過程は永遠の椅子《いす》取りゲームのようなもので、何人かしか生き残れません。文字通り、命がけです。資本主義というのは原始的蓄積の過程においては、カネか命か、になる。それから運も大きい。それを私は自分の目で直に見てしまいましたから、マルクスがここで言っているのは、「資本主義のスタートにおいては激しい収奪過程があるんだよ」ということだとヒリヒリした皮膚感覚でわかるのです。

するると、労働力の商品化というのは、実は資本主義から内在的に出てきたものではなく、外部から出てきたものになりますね。資本主義は昔からあった。ところが商品によって資本を生産していくシステムになるのは、労働力商品化によって初めて行われるようになった。そして、これは一回行われると、階級関係が再生産をしていき、延々と続いていく。われわれは今、自分たちの生活費を稼がない形で飯を食っていくことを考えられなくなっていますが、これは資本主義システムの中にどっぷり入ってしまっているからなんです。

所得と教育と労働力再生産

では、今日は『資本論』の最後を読んでいきましょう。第三巻第七篇第五一章「分配諸関係と生産諸関係」の途中、岩波文庫第九分冊の一〇七ページからです。

「分配諸関係の考察に際しては、まず、年生産物が労働賃金、利潤、地代として分配されるという事実なるものから出発する。しかし、かように言い表わされては、事実は誤りである。生産物は、一方では資本に、他方では諸収入《レヴェニュー》に、分かれる。この諸収入の一つである労働賃金は、つねに、前もって資本の形態で同じ労働者に相対した後にはじめて、それ自体一つの収入の、労働者の収入の、形態をとる。直接生産者にたいする、生産された労働諸条件および労働生産物一般の資本としての対立は、初めから、労働者にたいする物的労働諸条件の一定の社会的性格を含み、またそれとともに、労働者が生産そのものにおいて、労働諸条件の所有者とのあいだと、彼ら相互のあいだに結ぶ一定の関係を含んでいる。これらの労働諸条件の資本への転化は、またそれとして、直接生産者からの土地の収奪を含み、したがって土地所有の一定の形態を含んでいる」

くねくねした言い方ですが、『資本論』の論理からすると、賃金というのは分配ではありません。賃金は生産のところで決まる。もう記憶されたと思いますが、重要な事項なので、繰り返します。一ヶ月の賃金はどういうふうにして決まりました？　まず、一ヶ月の食費、服代、家賃、ちょっとしたレジャーといった、翌月も働くことができるエネルギーの蓄えのためのカネ。二番目、それだけでは次の世代の労働者を作り出すことができないから、家族を養う、あるいは独身者だったらパートナーを見つけることにかかるカネ。それがきちんと賃金の中に含まれていないと、資本主義はシステムとして続かない。それから三番目に、資本主義は発展していくとともに技術革新があるのだから、その技術革新に対応するための学習費用。この三つが賃金の要件で、これは生産のところで決まってしまうわけです。

お茶の水女子大学の研究で「親の収入・学歴と、子どもの学力の間に正の相関関係がある」ことがわかった、という記事が新聞に出ていました。これは労働力の再生産との関係で見てみると、非常に興味深いものです。低所得の人たちの子女は、教育を受ける可能性が低くなってくる。つまり将来の労働力の質がどんどん下がってくるわけです。お茶の水女子大のチームがどこまでそれを自覚しているかわかりませんが、個別資本の利益からしたらできるだけ賃金は抑えた方がいいのだけれど、そこへ警鐘を鳴らしています。おそらく政府もこれには反応しますよ。低所得者層の子女の教育の水準が衰えてくると、労働力商品の質は必ず劣化してきます。労働力商品の質が劣化することは、日本の資本主義が弱くなることと一緒です。この記事は、客観的な構造から見ても、日本の資本主義を生き残らせるためには、行き過ぎた新自由主義的な流れに対して何らかの政策をとる必要がある、というメッセージです。『資本論』を読むと、この記事はそう読むべきだとわかってきます。

人間を押し潰《つぶ》すもの

本文を続けますね。

「生産物の一方の部分が資本に転化されないならば、他の部分も労働賃金、利潤、地代という形態をとらないであろう。

他面、資本主義的生産様式が、生産諸条件のこの特定の社会的態容を前提するとすれば、それはこの同じものを、たえず再生産する。それは、物質的生産物を生産するのみではなく、物質的生産物が生産される生産諸関係を、たえず再生産し、したがってこれに対応する分配諸関係をもたえず再生産する」

別の言い方をすると、労働者は労働者として働いていることで、自分が労働者であるという社会的な関係を再生産しているのです。資本家は資本家として働いていることで、資本家としての社会的な関係を再生産している。地主は地主として地代を分配してもらって生活して、地主としての社会的な関係を再生産している。単なる物の関係ではなく、人間と人間の関係を再生産しているのです。

「もちろん、資本（およびそれが自己の対立物として含む土地所有）は、それ自体すでに一つの分配を前提する、と言うことができる。すなわち、労働者からの労働諸条件の収奪、少数の諸個人の手におけるこれらの条件の集積、他の諸個人のための土地の排他的所有、要するに本源的蓄積にかんする篇（第一巻第二四章）で展開された諸関係のすべて、を前提する、と。しかし、この分配は、生産諸関係との対立において、分配諸関係のために一つの歴史的性格が要求されるばあいに、分配諸関係として考えられているものとは、全く異なるものである。後の方の分配諸関係は、個人的消費に帰する生産物部分にたいする、種々の権利名義と解される。これに反して、前の方の分配諸関係は、生産関係そのものの内部で、直接生産者との対立において、生産関係の特定の代理者に割当てる特殊な社会的諸機能の基礎である。それは生産諸条件そのものとその代表者に一つの特殊な社会的性質を与える。それは生産の全性格と全運動とを規定する」

土地はもともと地球の上にあったわけで、ある人がその土地を所有し、そこからカネを得ているなんていうのは、少し考えてみればおかしな話です。しかし、資本主義システムというのは、そういうふうになっている。この箇所は含蓄が深いですね。結局、資本によっても労働力によっても、土地――これは水とか空気とか地力とかも含めてだから環境と言った方がいい――を生産することはできない。二回目の講座で少し触れた環境制約性ということを言っています。

「資本主義的生産様式を、初めからきわ立たせる二つの特徴がある。
第一に。それはその生産物を商品として生産する。商品を生産することは、それを他の生産様式から区別するものではない。しかし、商品であることがその生産物の支配的な規定的な性格であるということは、確かにそれを他の生産様式から区別する。このことは、まず第一に、労働者自身がただ商品の売り手として、したがって自由な賃金労働者として現われ、したがって、労働が一般に賃金労働として現われる、ということを含む。資本と賃金労働との関係が、いかにこの生産様式の全性格を規定するか、これを改めて論証することは、これまでになされた説明の後では余計である。この生産様式そのものの主要当事者、資本家と賃金労働者とは、そのものとしては、ただ資本と賃金労働との体化、人格化であり、社会的生産過程が諸個人に刻印する特定の社会的性格であり、この特定の社会的生産諸関係の産物であるにすぎない」

これも繰り返しになりますが、労働力の商品化がなされて初めて、資本主義は自立する。労働力の商品化が起きる以前は、資本主義は偶然的なものとしては存在したけれども、社会全体を自立的に動かすことはできなかった。マルクス自身が労働力商品化についてわかりやすく書いたパンフレットがありますから、参考にされるといい。岩波文庫から長谷部文雄訳で出ている『賃銀・価格および利潤』。ただし、これは活字がほとんど潰れていて、おまけに旧字旧カナを使っていますから、若い共産党員に読ませるためにわかりやすい訳と注をつけてある新日本出版社版を読まれるのがいいと思います。『資本論』を続けますね。

「(1)生産物が商品であるという性格と、(2)商品が資本の生産物であるという性格とは、すでに流通諸関係のすべてを含む。すなわち、生産物がそれを通過せねばならず、またそれにおいて特定の社会的性格をとる一定の社会的過程を含む。それはまた、生産当事者たちの特定の諸関係、すなわち、彼らの生産物の価値増殖と生活手段なり生産手段なりへの生産物の再転化とを規定する諸関係、をも含む。しかし、このことから離れて見ても、生産物が商品であるという、または商品が資本主義的に生産された商品であるという、前記の二つの性格からは、全価値規定と、価値による総生産の規制とが出てくる。この全く特殊な、価値の形態においては、一方では、労働はただ社会的労働としてのみ認められ、他方では、この社会的労働の分配と、その生産物の相互補充すなわち物質代謝、社会的連動装置への従属とはめ込みは、個々の資本家的生産者たちの偶然的な相殺《そうさい》的な活動に委《まか》されてある。資本家的生産者たちは、ただ商品所有者としてのみ相対し、そして各自がその商品を能《あた》うかぎり高く売ろうとする（生産そのものの調節においても、外観上はただ彼の恣意《しい》によって導かれている）のであるから、偏倚《へんき》を互いに相殺させる彼らの競争、彼ら相互の圧力を介してのみ、内的法則は貫徹される。ここでは価値の法則は、ただ内的法則としてのみ、個々の当事者にたいしては盲目な自然法則としてのみ、作用し、そして生産の社会的均衡を、その偶然的な波動のただ中において貫徹する」

ここなんて、新古典派のモデルそのものじゃないですか。だから、資本主義的生産というのは無政府的なのです。しかし、無法則的ではない。きちんと価値法則が機能していて、市場メカニズムが機能している。しかし市場メカニズムだけに任せると、人間が人間であるということを実現できなくなってしまう。究極的に命かカネかというところに行き着く。新自由主義がどうして最終的にはダメなのかと言えば、人間が人間であることを押し潰さないと成り立たないからです。社会全体がブラック企業と同じになってしまうのです。

資本主義の論理が届かない場所

では、これを規制すればいいのかと、暴力装置を背景にした国家なるものが出てきて、賃金であるとか労働条件を定めていく。その代わり、労働者はストライキなどするな、働かざる者食うべからずだ、などと言い出す。こうなると、ファシズムの経済になるわけですね。そしてファシズムは、必ず官僚支配になります。

宇野弘蔵が「ファシズムの強さは無理論なところにある」と言っています。理論がなくて、気合いでやっていく。これ、アベノミクスを思い出しませんか（会場笑）。安倍さんの特徴は、マルクス経済学も近代経済学も何も勉強していないということです。無理論の強さってあるんですよね。安倍さんは浜田宏一《こういち》さんの話を聞いて、「状況はよくわからないけど、インフレターゲットは絶対にいい。気合い入れてやっていこう」。そんな感じでやっている。だから、長期国債の金利がどういうふうになるかとか考えていないのです。この〈考えていない強さ〉があるんです。景気を良くするためには賃金を上げてからだとなると、連合が賃上げを言っていないのに、首相自らが「内部留保があるんだから払え」と賃金を上げさせたわけですよね。これは国際基準から見ると、ファシズムの賃金論です。「おい、経団連会長、ちょっと来い。お前ら、内部留保を置いてあるのにけしからん、労働者の賃金上げろ」。これ、日本共産党が言っていることと同じじゃないですか。前に紹介したムッソリーニと同じじゃないですか。安倍さんも共産党も、ファシズムの経済学を主張しているんです。ですからアベノミクスというのは、反知性主義とヤンキー的なナルシシズムとのアマルガムですよ。これは別に珍しい現象ではなく、フランスのサルコジ（前大統領）現象なんかに似ているように思います。エマニュエル・トッドが『帝国以後』でサルコジをボロクソに批判していましたが、あれを読むと、サルコジではなくて安倍さんを批判しているように思えてしょうがない。

アベノミクスの話はこれくらいにして、『資本論』に戻りましょう。

「さらに、全資本主義的生産様式を特徴づける、社会的生産諸規定の物化と生産の物質的基礎の主体化とは、すでに商品のうちに含まれており、まして資本の生産物としての商品のうちには、なおさらのことである」

物化とは、人間と人間の関係があたかも物のような関係で出てくるということですね。物化はいろいろあります。礼儀とか掟とかもそうだし、法律も社会的な関係の物象化なんです。

「資本主義的生産様式をとくにきわ立たせる第二のものは、生産の直接目的および規定的動機としての、剰余価値の生産である。資本は本質的に資本を生産する」

どこの会社でも、世のため人のために仕事をしていると言いますよ。それは建前です。資本は本質的に資本を生産する。剰余価値の生産のために仕事をしている。つまりカネ儲けのためにやっているんです。資本主義社会に生きている以上、カネ儲けを否定する論理は必ず負けます。

数年前、新聞労連の会合でこんな話をしました。若い新聞記者たちに話をしてくれって言われたので出かけて行って、「なんで記者になったの？」と彼／彼女らに訊《たず》ねたら、「世の中に真実を伝えたいと思います」とか、その種の答えばかり返ってきました。そこで私が、「みなさん、共同通信と徳島新聞だけは社団法人だけれども、それ以外の新聞社と通信社は株式会社でしょう。株式会社朝日新聞、株式会社読売新聞、株式会社産経新聞なのだから、みなさんの目的はカネ儲けなんです。そのカネ儲けの枠の中で自分の理想なり正義感なりをぜひ実現して下さい」と言ったら、みんなキョトンとした顔をしていましたけどね。

しかし、そこがわからないとダメなんです。われわれの制約条件をわからないといけない。資本主義社会のシステムを知っておかないといけない。資本主義の論理と反することをやろうとしても、長続きはしません。ただ、否定はできないにしても、突き放して見ることはできる。人間は限界がわかれば恐れは出てこないものです。

それにね、資本主義の論理が届かない場所ってまだあるのです。しかも、いちばんの根本のところで。どこ? 家庭ですね。お母さんが晩御飯作って、「はい、今夜は餃子《ギョーザ》だよ。一二〇円だから」とは言いませんよね。家庭の中には直接的人間関係があるんです。あるいはデートへ行って、割り勘の時と、どちらかが払う時とでは、人間関係が変わってくるわけです。資本主義の論理が働かないような形で動いていたら、二人の間に直接的人間関係を持ち込みたいという下心があると考えたほうがいい（会場笑）。

剰余価値の作り方

「資本は本質的に資本を生産する」に続く文章です。

「そして、ただ資本は、剰余価値を生産するかぎりにおいてのみ、それをなす。いかにこのことの上に、資本主義時代に特有な一生産様式――労働の社会的生産諸力、といっても労働者にたいして独立化された資本の諸力としてのそれ、したがって労働者自身の発展に直接に対立したそれ、の発展の一特殊形態――が立脚するか、われわれはこれを相対的剰余価値の考察に際して見たし、さらに剰余価値の利潤への転化の考察に際して見た。さらに進んだ展開において示されたように、価値と剰余価値のための生産は、一商品の生産に必要な労働時間、すなわちその商品の価値を、そのときどきに存する社会的平均以下に縮減しようという、不断に作用する傾向を含む。費用価格をその最低限まで縮減しようとする衝動は、労働の社会的生産力の増大のもっとも強力な槓杆《こうかん》である。しかしここでは、それはただ資本の生産力の不断の増大としてのみ現われる」

この講座では詳しく説明しませんでしたが、剰余価値の作り方は二つあります。一つは絶対的剰余価値の生産。これは労働時間を長くするんです。これには触れました。二四時間働かせたら死んでしまうから、限界があります。事実、イギリスの一八五〇年代、六〇年代の労働者の平均寿命は一八、九歳でしょう。一日の労働が二〇時間とかありましたから、それは死んじゃいますよね。

あるいは別の手法で、労働を強化する手があります。チャップリンの『モダン・タイムス』を見た方は覚えていると思いますが、資本家が「少しベルトコンベアのスピードを速くしろ」と命令したら、チャップリンがネジを締めるのが間に合わなくて、機械の大きな歯車にぐるぐる巻き込まれてしまう。ギューッと搾《しぼ》り取るほど搾取を強化している仕組みを映像で見せていましたね。ああいうやり方も、チャップリンが喜劇的誇張で示したように、限界がある。

だから、二つ目の相対的剰余価値の生産が大事になってきます。これは何かと言うと、イノベーションです。前にも例を挙げたように、ボールペン一本作るのに一〇〇円かかっているところで、うちは新しい技術を開発して八〇円で作ることができた。市場の中でその差の二〇円が相対的剰余価値になる。その技術はだんだん追いつかれて、みんなが八〇円で作れるようになる。今度は七〇円で作る技術を開発しないと、相対的剰余価値は得られない。こういう構成です。

報酬と賃金は違う

いつか追いつかれるとはいえ、パテントや知的所有権は保護されますね。人が思いついたことを、誰でも使えますよ、フリーですよという形にしたら、思いつくインセンティブがなくなるからですよね。これは著作権にも関わってくるし、私がここで講義をやって、みなさんが一回三〇〇〇円以上払わせられているのもその延長線上にあるわけです。しかし人間の長い伝統の中において、ものを教える、知識を伝授する、ということに対価はなかったのです。知識や情報を伝える時、原理的にはカネを取ってはいけない。ただ、われわれは資本主義社会の中に暮らしているから、この講座も商品になっているのです。

もう一つの要素もあります。無償でやると、頭の中に全然残らない。「タダより高いものはない」というのは、そんなことからもわかります。人間はカネを払うことによって、記憶にも定着しやすくなるのです。

ヨゼフ・ピーパーというカトリックの司祭で哲学者が、『余暇と祝祭』という本を書いています。彼は、「人間の本来の目的は休むことであって、労働は苦役である」と言い、賃金と報酬を分けています。賃金は、労働力が商品化されている世界。報酬は、例えばおひねりの世界。舞台を見て気に入ると、役者にカネを包んだおひねりを投げる、あれが報酬です。本来なら貨幣では換算できないようなご恩を受けたから、それを何らかの形でお返しします、というのが報酬なのです。知的な伝授も貨幣では換算できないものですから、賃金形態や対価がある商品形態ではなく、そもそもは報酬という形態でした。

その報酬の形態が今も日々行われているのは、お布施《ふせ》ですね。最近のお葬式は初七日と四十九日を合わせてやってもらうから、お坊さんはだいたい二回お経を読みます。いったい、いくら払ったらいいんですかと訊《き》いても、「いや、そこはお志《こころざし》で」としか言われません。「お志で」という世界が、本来の報酬なのです。だから、ときどき寺のホームページなんかに初七日と四十九日を合わせて経を読むと三割引きとか、お布施の目安を書いているところが現れますが、仏教界から非常に批判されます。〈坊主《ぼうず》丸儲け〉とは言うけれど、商品経済の原理と宗教とはなかなか馴染《なじ》みにくいのですね。

この報酬というものは、宗教関係はともかく、資本主義が進んでいくと、商品化の中でほぼ賃金形態に組み込まれていってしまいます。例えば植木職人の対価は本来、賃金ではありませんでした。われわれが講義したことでもらう対価も賃金ではなかった。ただし、今でも一物一価の法則は適用されませんよね。例えばこの講座は新潮社から話があったから私は引き受けているわけで、もし講演企画会社から来たら何十万円とかになるわけでしょう。私はその手のものを一切引き受けませんけれど、もし引き受けたとして、話す内容はここと一緒ですよ。すると、一物一価の法則が対応しないわけです。

あるいは、鈴木宗男さんが党代表をつとめる新党大地の勉強会に行って、ウクライナ情勢のブリーフィングするのはタダでやっています。こういうところに、資本主義的なシステムとは違う、直接的な人間関係があるわけです。そういう直接的人間関係の世界は、商品経済の論理とは関係がないんです。裏返して言うと、みなさんだって、経済合理性とは違う理由でこの講座に参加しているのだと思います。この講座に来なくても死ぬことはないわけですね。ただ、この講座に来ると、世の中がちょっと違うふうに見えてくるという効果はあるかもしれません。

熟練労働者たれ

じゃあ、先へ行きます。

「資本家が資本の人格化として直接的生産過程においてもつ権威、彼が生産の指揮者および支配者として行なう社会的機能は、奴隷《どれい》、農奴等をもってする生産の基礎の上に立つ権威とは、本質的に異なるものである」

原田マハさんの経験をお話ししたように、アメリカ人というのは金持ちを尊敬しますが、イギリス人は金持ちだからといって尊敬はしません。これも前回触れたように、なぜ昔は制限選挙だったのかと言うと、「高額納税者は一生懸命働いている人だ。彼らは押しなべて教育の水準も高く、なおかつ公共的なことを判断できるから、選挙権を付与しよう」となったからです。「普通選挙になると、有象無象みたいなのが出てきて、世の中メチャクチャなことになる、選挙がポピュリズムに流される。それは国民全体にとって、教育のない者や底辺の者にとっても、マイナスになる」――そんな考え方が、つい二〇世紀の前半までは平気で通用していた。ここにあるのは資本の人格化ですね。

では、普通選挙運動が成立したのはどうしてか。「こういう資本主義システムに、俺たちは永遠に隷属しているのか。根本からぶっ壊して共産主義革命をやろうじゃないか」という声が高まってきたからです。こうなると、本当に民意を代表する形の制度を作らないといけなくなった。それだから日本では、共産主義を防ぐために、普通選挙法と合わせて治安維持法がパッケージで作られたのです。

「資本主義的生産の基礎の上では、直接生産者の大衆に、彼らの生産の社会的性格が、厳格に規制する権威の形態において、また労働過程の完全な階位制として編制された社会的な機構の形態において、相対する——もっともこの権威の担《にな》い手には、労働に対立する労働諸条件の人格化としてのみ、権威が属するのであって、以前の生産形態におけるように政治的または神政的支配者としてではない。しかるに、この権威の担い手たち、ただ商品所有者としてのみ相対する資本家たち自身のあいだでは、もっとも完全な無政府状態が支配していて、その内部では生産の社会的関連は、ただ超強力的な自然法則としてのみ、個人的恣意にたいして、自己を貫徹するのである」

マルクスはここで、すごくシビアなことを言っています。いくら「僕は一生懸命やっています、会社のために一生懸命貢献しています」と主張しても、その人の持っている能力に専門性がない場合には、いくら人間としていい人であっても、代替可能な商品として扱われる。これは真に正確で、どこにでも見られる光景ですよね。だから、「いかに資本主義システムの中でそんな扱いを受けずに済むか」という指南書を書くと、よく売れる。勝間和代《かつまかずよ》さんですよ（会場笑）。勝間さんは「コモディティになるな、スペシャリストになれ」と強調しています。「資本家になれ」とは言っていません。『資本論』の言葉に翻訳すると、「熟練労働者になれ」と言っているわけです。熟練労働者だと代替できないから、「辞めないでくれ」と言われ、賃金が高くなる。

マッキンゼーでの経験を背景に、「コモディティでなく、スペシャリストになれ」なんて言うと、「ああ、これはすごい」と思われるけれども、これはマルクスがつとに『資本論』で言っていることと同じです。

だから間違ってはいないのだけれど、彼女の自己啓発本の内容はなかなか難しい。少なくとも私は彼女が書いているようには絶対できないから（会場笑）。私も『人に強くなる極意』という自己啓発的な新書を出しましたが、あれは全部自分で実践した話を載せています。「なんだ、読んでみたけど、こんなの当り前の話ばかりじゃねえか」と思われるかもしれないけれど、当り前の話を当り前として書くって、けっこう大変なんですよ。しかも、本が出た後も自分で言ったことはきちんと実践し続けないといけない。

官僚という階級

じゃあ飛ばして、いよいよ最後のところへ行きましょう。『資本論』の結論部分、第三巻第七篇第五二章「諸階級」です。この講座で自慢できるところは、『資本論』をスタートから始めて、きちんと終わりまでやり通したことです。こんな講座、他にはありませんよ。『資本論』の学習会って、だいたい第一巻の最初の三章ぐらいで挫《ざ》折《せつ》して、みんなが来なくなって〈流れ解散〉的に終わりますからね（会場笑）。

この最終日の最後の一〇分は、この五二章を読むと最初から決めていました。では、ちゃんと着地しましょう。

「第五二章　諸階級

労働賃金、利潤、地代を各自の所得源泉とする、単なる労働力の所有者、資本の所有者、土地所有者、すなわち賃金労働者、資本家、土地所有者は、近代の、資本主義的生産様式に立脚する社会の三大階級をなす」

われわれの社会は、資本家と労働者と地主だけいれば動くのです。しかし、そのうち価値を生産するのは労働者だけ。あとはその上前をハネて、搾取しています。しかし、搾取は合意の上でやっているのだから、これは合法的で、倫理的に非難されることではない。

こういう構成がよく見えたのがイギリスなんだ、と次のパラグラフで言っています。

「イギリスでは、近代社会が、その経済的構造において、もっとも著しくもっとも古典的に発展していることは、争いえないところである。しかもなお、この階級構造は、ここにおいてさえ純粋には現われていない。中間段階や過渡段階が、ここでも（農村では、都市に比して比較にならないほど少なくではあるが）到《いた》るところで、限界規定を紛らわしくしている。しかし、これはわれわれの考察にとってはどうでもよい。生産手段をますます労働から分離し、そして分散した生産手段をますます大きな群に集積し、かくして労働を賃金労働に、生産手段を資本に転化することが、資本主義的生産様式の不断の傾向であり、発展法則であるということは、すでに見たところである。そしてこの傾向には、他面では、資本と労働からの土地所有の独立的分離が、または、資本主義的生産様式に対応する土地所有形態への一切の土地所有の転化が、対応する」

みなさん、『資本論』の第一巻が上梓《じょうし》されたのは何年でした？　一八六七年、明治維新の一年前、勤皇の志士たちが大暴れしている頃でしたね。もし執筆が一〇年遅れていたら、『資本論』は今あるような内容になったかどうかわかりません。一言でいうと、帝国主義が出てき始めていたからです。そうなると、国家の機能という問題を無視した形で経済について論じることは、たぶんできなかった。だからレーニンの『帝国主義論』は、『資本論』の延長線上にあるように見えながら、パッと体《たい》を躱《かわ》して、国家の問題を扱っているのです。

例えば今まで『資本論』の抜粋を読んできて、どこかに租税の話がありましたか？　税の話は一ヶ所もない。共産党系の経済の本だと、「税金を払うのを資本家は嫌がる」みたいな話が出てきますが、『資本論』にはそもそも税の話が出てこないから、『資本論』から敷衍《ふえん》することはできないのです。

税金というのは、搾取ではありません。税金を払わないとどうなるか、おぼえていますか？　国税庁はどこに告発する？　脱税した人のところに警察は来ません、検察が来ます。私と同じで、国事犯になるんです。税金は、払わないと国家の背後にある暴力装置が動いてくるから、払わざるを得ないのですね。

では、その国家というのは抽象的な存在なのでしょうか？　そうではない。そして、それは官僚が担っています。だから、官僚というのは収奪する存在なんです。J－POPで、私の世代だったら歌謡曲ですが、官僚を褒め称《たた》える歌ってあります？　あるいは、官僚ってカッコよくて素敵だわという歌。しいて言うと「犬のおまわりさん」ぐらいですか（会場笑）。警察庁からの出向者の前で「犬のおまわりさん」をカラオケで三回続けて歌ったら、かんかんに怒っていました（会場笑）。反社会勢力である清水の次郎長でも会津の小鉄《こてつ》でも歌があるのに、官僚の歌なんかない。このへんのところからも、いかに官僚が国民から好かれていないかがわかりますね。

官僚は国家権力を使って、資本家からも労働者からも地主からも遠慮なく収奪していくわけです。彼らは社会に寄生し、収奪することでしか生きられないから嫌われるのです。『聖書』に出てくる取税人も嫌われていましたよね。しかも、取っているだけで反対給付が全然ない。だから反官僚を訴えると、官僚以外のみんなから支持されます。橋下徹さんにしても、小泉純一郎さんにしてもそうでした。ただ、橋下さんは本気になって反官僚をやろうとしたから、うまく行きませんでしたけどね。小泉さんは、官僚こそが国家の実体、権力の実体であることをよく知っていますから、決して本丸である財務官僚とケンカしたりはしません。

自分の周りでできること

さあ、いよいよ最後です。

「まず答えられるべき問いは、こうである。何が階級を形成するのか？　そしてこれは次のような別の問いにたいする答えでおのずから明らかになる。何が賃金労働者、資本家、土地所有者を、三大社会階級の形成者となすのか？

一見したところでは、収入《レヴェニュー》と収入源泉の同一性である。三つの大きな社会群があって、その構成分子、それを形成する諸個人は、それぞれ、労働賃金、利潤、地代によって、彼らの労働力の、彼らの資本の、彼らの土地所有の利用によって、生活している。

しかしながら、この立場からすれば、たとえば医者と役人も二つの階級を形成するであろう。なぜならば、彼らは二つの異なる社会群に属し、両群の各一方の成員の収入は同じ源泉から流出するからである。同じことは、社会的分業によって労働者ならびに資本家、土地所有者がさらに分かれるもろもろの利害関係や地位――たとえば、土地所有者は葡萄園《ぶどうえん》所有者、耕地所有者、森林所有者、鉱山所有者、漁場所有者に分かれる――の無限の分裂についても言えるであろう。

〔手稿はここで中断されている。〕」

結局、『資本論』は末尾まで読んでも、全体像はわからないのです。ここで原稿が中断しているからでもあるし、もともとそういう本なのかもしれません。例えば、医者などはどこの階級に入るのかとか、面倒な議論もあるんです。ただ、三大階級の話はもうわかったでしょう?

資本家と労働者の間は、労働力商品化の自由な合意によって、賃金を媒介とする関係になる。そこには搾取《さくしゅ》がある。搾取して得た剰余価値を、資本家は自分で独占できない。それを土地所有者に分けないといけない。同じような資本家の中でも、擬制資本という形で株式ができてくると、持っているだけで利子をもらえるやつも出てくる。ただし、その利子は現実の産業資本の方から流れているだけだ。だから、これは資本家同士での分配である。そして、持っているだけでお金が入ってくるのは資本の理想だと見えるけれども、この理想は実現しない。なぜならば、資本主義というシステムは運動するものなのだから。擬制資本の場合、運動が背後に隠されてしまっている。内実は、産業資本の上前をハネているだけだ。

そもそも、資本主義の根本になっている労働力商品化も究極的には実現できない。

人間は物ではないから、必ず無理が生じてくる。資本は人間を押し潰そうとする。しかし、資本によって労働力は生み出せない。ただ、家庭あるいは直接的人間関係の場においては再生産ができる。人間が人間になれる。かつて終身雇用の時代は、家庭を作る環境を会社が作っていた。あるいは、失業した人は家族に養ってもらいながらハローワークに通った。それが、いま非婚という選択をする人が増え、子どもを作らない人たちが増えるのは、資本主義というシステムが自壊しているプロセスなのだ。まあ、こんなところが今日まで読んできたことですね。

われわれは、この資本主義をどうやって克服するのでしょうか? ひと昔前だったら、答えは簡単でした。共産主義革命を起こせばよかった。スターリン主義のドクトリンでは共産主義の初期段階が社会主義ですから、共産主義革命を社会主義革命と言い換えることも可能です。ところが、われわれはスターリン主義というものの現実を知っています。おそらくロシア革命以降の社会主義体制の最大の成果は、社会主義システムが外に閉ざされていたおかげで、資本主義諸国に「きっとあれはものすごい素晴らしいシステムなんだろう」と勘違いさせたことです。そこで、こんなに搾り取っていたら労働者が社会主義に魅力を感じてしまうということで、国家が介入することによって、個別資本の利益を犠牲にしてでも社会福祉政策を採った。そんな皮肉なからくりがあった。

ところが、社会主義体制が崩壊して、その真実の姿が伝えられ、あれはとんでもない体制だったとわかってしまった。これなら後期資本主義の方がよっぽどマシだとなって、資本主義一本で突き進むから、チャップリンの映画よろしく搾取がギューッと強まっている。今はこういう状況なんですね。たぶん、予見される未来においても、出口はないのです。現実がそうであるならば、これはうんとズルイ方法なのだけれども、やっぱり競争にはとりあえず勝たないといけない。競争に勝つためには、何か自分の専門分野を作って、勝間和代さん流に言うならコモディティにならないようにする。単純な代替可能労働力商品として使われないようにする。熟練労働者として生きる。これが一つの処世術としてのカギでしょう。

しかし、それでいくら努力しても絶対に大金持ちにはなりません。じゃあ、大金持ちになることに魅力を感じなければいい。あなたはカネを持つ人ほど尊敬するのですか、出世した人ほど尊敬するのですか、ということです。儲《もう》ける方がいい、出世する方がいい、というのは一つのシステムから出た流行にすぎません。そして、大金持ちになるのは才能のおかげではありませんよね。他人の労働力をどれだけ搾取するかです。ただ、われわれは大金持ちにはなれませんが、食っていけないほど貧乏にもならない、それが資本主義なのです。映画『男はつらいよ』のフーテンの寅《とら》さんが「稼ぐに追いつく貧乏なし」と言う通りなのです。

もう一つ重要なのは、自分の周りで、直接的人間関係の領域、商品経済とは違う領域を、きちんと作ることです。さっき、自分で実践できないことは言わないと言ったばかりですね。では私自身が何をやっているかを明らかにすると、例えば割り勘はやらないんです。とは言っても、私よりもっと大金持ちの人、あるいは政治資金を潤沢に持っている人、例えば渡辺喜美《よしみ》さんと寿司《すし》を食った時に、渡辺さんに「私の分は出しますよ」と言い張りはしません。たぶん、熊手《くまで》よりは安かったと思うんだけどね（会場笑）。しかし、寿司屋で出してもらったら、その次は僕が渡辺喜美さんをビストロへ呼んで、僕が出す。分相応のところで、順番に出す。

あるいは、学生たちと呑《の》む時は、学生たちのお財布の事情はだいたいわかっているから、取れる学生からは取るし、取れない学生からは取らない。しかし全然取らないと、その学生の居心地が悪いから、「じゃあ、君は五〇〇円」「君は二〇〇〇円」というふうに取る。「文藝春秋」の記事で読んだのですが、石原裕次郎は仲間と呑みに行った時の集金が実にうまかった、というのです。ほかの俳優たちの様子を見て、誰がどれぐらいの収入があるか、今夜どのくらい持っているかをよくわかった上で、応分に取り立てたのだそうです。ひとしなみに割り勘にはしない。そういうところには商品経済はないのです。これは財布の事情までわかっているのだから、直接的人間関係ですよね。頭数でただ割っただけの割り勘は、むしろ資本主義的イデオロギーに毒されており、直接的人間関係にはならないのです。

あと、私が直接的人間関係を重視している分野は書籍の世界です。「この本はいいよ」と私から友人に勧めた時、その本を相手が読んでみたいと言ったら、対価を取らない。本を貸すのでなく、あげます。その代わり、人から本をもらう時は「お金を払います」とは言わない。割り勘と書籍のやり取り、この二つぐらいは励行しています。

何を迂遠《うえん》なやり方をしているんだと呆《あき》れられるかもしれませんが、しかし、そういうふうに直接的人間関係を育《はぐく》んでいるとちょっと違う景色が見えてくるのです。みなさんにも、今のこの資本主義社会における雁字《がんじ》搦《がら》めの中で、何か一つ二つ商品経済とは違う分野を作ってみることをぜひお勧めします。家庭菜園でできた野菜を只《ただ》で友だちにあげる、とかでいい。そして家庭と――独りで暮らしていても、シジミを飼うことでホッとできる、と群ようこさんの小説にあるように、家庭は持ちえるのです――、相性の合う友だちが十人もいれば、人生って充分ではないでしょうか。そしてそこには商品経済を介在させないでおく。そんな小さなことが資本主義社会を内側から克服できるきっかけになるかもしれない。あの東北の大震災の後、被災者の人たちが身を寄せた体育館などの施設では、理想的な空間ができたと言います。食事も着るものも譲り合い、便所掃除その他もみんな不平を言わずに分担していた。力仕事ができる人が力仕事をした。そこにはむろん、おカネは介在しませんよね。直接的人間関係だけがあった。ただし、これは数週間しか持たなかった。長続きはしなかったけれど、そんな空間が現にありえたのです。これも何かのヒントになるかもしれません。

あとは、外部と言ってもいいし、超越的なものと言ってもいいけれど、文学とか宗教といったものから資本主義社会を見るという姿勢もあっていいでしょう。柳田國男、あるいは柄谷行人さんのところで少し言いましたが、〈目には見えないが確実に存在する実体的なもの〉を考え、感じることは今後ますます重要になってくると思います。例えば、そこから改めて『資本論』に戻り、擬制資本がいかにフィクションかを考え直すこともできるはずです。

最後に、宇野学派についてもう一度触れますと、宇野経済学の面白いところは、資本家でも労働者でもインテリでも、日本人でもロシア人でもアメリカ人でも、論理さえ追っていけば共通の結論になるという実証性、客観性を持っているところです。ですから、みなさんの中で、資本主義社会の成り立ちは摑《つか》んだから、さっき私が言ったのとは逆に、「わかった、俺、人を搾取して大儲けしてやろうと思うんだ」という読み方をされる人が出てきてもOKなのです。例えば竹中平蔵さんは講座でも言いましたように、『資本論』をきちんと読んで、労働力が価値の源泉だとよくわかっている。だから彼は、マネーゲームをやらないで、パソナの会長をやっているのでしょう。人間の労働力からギューッと搾り取っていくというのが、本当の実体的な価値の源泉だとよくわかっているはずです。彼は彼なりの『資本論』の使い方をしているのです。

まったく別な考え方をしている人に、宇野弘蔵の高弟である鎌倉孝夫先生がいます。先生とは、私が高校生の頃にある勉強会で出会いました。高校生が居酒屋に行ったらいけませんが、勉強会の後の居酒屋で、私たちに一円も払わせない先生から「割り勘はダメなものだ」と諄々《じゅんじゅん》と説かれたのです。その鎌倉先生を私は『資本論』読みとしてずっと尊敬していますが、先生は世界のチュチェ思想研究会の幹部でもあり、北朝鮮から最高級の勲章をもらっています。チュチェ思想に基づいて世界を変えていくのがいい、というのが先生の実践的主張です。ここのところは、私は若干意見を異にします（会場笑）。

あるいは、滝沢克己《かつみ》という九州大学で哲学を教えていた先生がいました。彼は西田幾多郎《きたろう》の弟子で、本当はハイデガーのところで勉強したかったのだけれども、西田に言われてボン大学でカール・バルトの教えを受けました。彼は『「現代」への哲学的思惟』の中で、宇野経済学の後ろに神がいることを表現しようとしています。この本にはなかなか刺激を受けました。私も宇野経済学を援用しながら、実践においては神学的なものの考え方から冷静に資本主義社会を見ていこうと思っているのです。なるほど、資本主義社会は永遠に超えられないものではないが、予見される未来においては超えられないだろう。そんな認識を持ちながらも、さて、どうしていくかということを考えていきたい。

例えば、宇野経済学の枠組みは、ポストモダン以前の主流であった新カント派です。宇野自身は、自分は新カント派ではないと言っていますが、客観的に見て、新カント派の方法論をとっています。この新カント派は大正教養主義を作り出して、一九七〇年前後の学園紛争まで、日本の知的な社会を支えていました。意外とそこまで戻ってみたら、われわれが生き残る上でのいい知恵が出てくるのではないかと、漠然と考えています。今、ウクライナ情勢を見てもわかるように、国連中心主義などがぶっ飛んで、力によって物事を解決する勢力均衡的なモデルに世界は変わりつつある。ニュートンの力学的なモデルに変わりつつあるわけです。そうすると、そんな時代と対応するのは、新カント派ではないか。極めて雑駁《ざっぱく》に言うとそんな問題意識を持って、私はみなさんと『資本論』を読んでいました。
とりあえず、私の話はここまでです。みなさん、どうもお疲れさまでした。

あとがき

本書では、『資本論』全三巻の内容を駆け足で読み解いてきた。ただし、重要なポイントは外していないつもりだ。

資本主義は、労働力の商品化によって初めて成立する。本文でも強調したが、労働力の商品化という定義は、同語反復（トートロジー）である。労働力は、必ず商品なのである。労働力という「何か」が、古代からずっとあって、それが資本主義の成立とともに商品化したということではない。資本主義というシステムが、労働力の商品化を生み出すのである。神学、哲学、社会学、数学など、すべての体系知（科学）において、もっとも基本的な事柄は証明できず、それを無理に説明しようとするとトートロジーになってしまう。トートロジーの先に突き進もうとすると、必ず立場設定が必要になる。趣味の問題といってもいい。この趣味の問題を「命を賭《か》けた決断だ」などと混同するようになると、体系知（科学）の名を借りた宗教になる。『資本論』の論理から、共産主義（社会主義）革命の必然性という結論を導き出すことはできないのである。

もっとも、労働力の商品化が完成することもない。資本家の職業的良心は、少しでも多く利潤をあげることだ。資本家の理想としては、労働力商品を、二十四時間、徹底的に利用することで、利潤の極大化を図る。しかし、それは不可能だ。なぜなら他の商品と異なり、労働力商品は家庭で、消費と休息によって生産されるからである。そもそも生物である人間は、寝なくては死んでしまう。

政府は、年収一〇〇〇万円以上の給与所得者の労働時間規制をなくそうとしている。例えば、三〇代後半から四〇代初めの一〇〇〇万円の給与所得者の場合（配偶者と子どもが二人いるとして）、諸控除をすべて用いても、所得税、住民税を合わせれば、一〇〇万円強を取られる。それに社会保険、介護保険などが一五〇万円は取られる。手許《てもと》に残るのは七五〇万円程度だ。賞与が四カ月分とすれば、給与分は五二〇万円、月に四三万円ほどだ。この手取りで、東京の山手線内にマンションを買って、子ども二人を私立学校に進学させることは経済的に非現実的である。将来、夫婦で有料老人ホームに入居するための前払金の一部すら用意できない。この程度の収入で、資本家は、労働者に無際限、無定量に働くことを要請するのである。

別に資本家に悪意があって労働強化をしようとしているわけではない。資本家は、自らが生き残るために、利潤を極大化することが求められているのである。この論理に付き合っていると、労働者は「命かカネ」のどちらかを選ばざるを得なくなるという究極的選択に迫られる。『資本論』を読んで、資本主義の内在的論理を理解していると、働きすぎて命を失うというような愚かな選択をしなくて済む。

同時に資本主義は、労働者がいないとシステムとして成立しない。それだから、熟練労働者で標準の忍耐力のある人ならば、年収三〇〇〜四〇〇万円くらいの賃金を得ることができる。結婚し、子どもをつくることはできるだろう。しかし、これから大学の授業料は急速に値上がりする。米国のような年四〇〇〜五〇〇万円までにはならないが、年二〇〇万円を超えるようになる。国際的なエリート競争に加わるためには、最低限、修士号を取得し、さらに英語と中国語に堪能《たんのう》でなくてはならない。そうなると夏休み、春休みに英語圏、中国語圏に留学し、語学力を磨く必要が生じる。大学・大学院教育だけで、子ども一人当たり二〇〇〇万円近い支出が必要とされるようになる。さらに学歴と生涯所得が直結するようになる。年収三〇〇〜四〇〇万円の世帯が、子どもにこのような教育の機会を与えることはできない。われわれの世代は、子どもの世代に、われわれが受けてきた水準の教育を、経済的理由から保障できないという、かつてなき「教育の右肩下がり」の時代に突入しつつあるのだ。

非熟練で、少し手を抜いても一〇〇〜二〇〇万円の賃金は確保できる。『男はつらいよ』でフーテンの寅《とら》さんが、「稼ぐに追いつく貧乏なし」と言っているのは、正しいのである。しかし、このような最低限の賃金水準の労働者は、結婚し、子どもをつくることが難しい。また技術革新に対応した知識を身につけるための自己教育費を捻《ねん》出《しゅつ》することができない。従って、一生、非熟練労働者にとどまる。非熟練労働者の場合、四五歳を過ぎると、職を得ることが難しくなり、さらに低賃金の労働に流れていくことを余儀なくされる。

本書を読んだ読者は、資本の論理が、社会をこのような方向に煮詰めていくことを、論理的に理解していただけたと思う。

それでは、いったいどうすれば、この苦境を克服することができるのだろうか。一昔前までならば、革命で問題を一気に解決するというシナリオが魅力を持っていた。しかし、私たちはソ連をはじめとする社会主義という実権が、いかに悲惨な結果をもたらしたかを熟知している。圧倒的大多数の人々にとって、スターリン主義国家よりも、後期資本主義国家（社会福祉政策を重視する資本主義国家）で生活する方がはるかにましだ。「ソ連はスターリン主義で偽物《にせもの》だ。われわれが追求する革命は異なる」と叫ぶ新左翼やアナーキスト（無政府主義者）にしても、この人たちの偏狭な心理、内ゲバを引き起こすような唯我独尊《ゆいがどくそん》体質を目の当《まあ》たりにすると、こういう人たちが権力を掌握すると恐ろしい社会になると思う。

私は、予見される将来、少なくとも私が生きている時代に、資本主義システムが崩壊することはないと思っている。それだから、資本主義の暴発をできるだけ抑え、このシステムと上手につき合っていく必要があると考える。

筆者はキリスト教徒なので、人間は原罪を持つと信じている。それだから、人間が自分の力で理想的な社会を作ろうと思っても、そこにいつの間にか、悪が忍び込んでくると考える。しかし、人間は、神からこの世界を管理する権限を授与されている（「創世記」一章二八節）。それだから、社会に正義を実現することを人間は真剣に考えなくてはならない。資本主義システムに対応できるのは、個人でも国家でもない中間団体であると私は考える。具体的には、労働組合、宗教団体、非営利団体などの力がつくこと、さらに読者が周囲の具体的人間関係を重視し、カネと離れた相互依存関係を形成すること（これも小さな中間団体である）で、資本主義のブラック化に歯止めをかけることができると思っている。

私が社会倫理についてどう考えているかに関心がある読者は、佐藤優『宗教改革の物語――近代、民族、国家の起源』（角川書店、二〇一四年四月）、ヨゼフ・ルクル・フロマートカ（平野清美訳、佐藤優監訳）『人間への途上にある福音――キリスト教信仰論』（新教出版社、二〇一四年七月）に目を通していただきたい。

本書の刊行においては、新潮社の石井昂氏、伊藤幸人氏、上田恭弘氏、楠瀬啓之氏、小林由紀氏、原宏介氏のお世話になりました。特に、石井昂氏に、『いま生きる「資本論」』という本書の内容に適切な表題をつけていただき、楠瀬啓之氏には、講義の内容を書籍に適切なテキストに編集する労をとっていただき（もちろん私が何度も読み、徹底的に手を入れたので、テキストに対する責任は全面的に私に帰します。私の場合、原稿を書き下ろすよりも、講義録をテキスト化する方が、はるかに時間とエネルギーがかかります。そのことによって読者に内容が伝わりやすくなることが最大のメリットです）ました。また作家・佐藤優の産みの親である伊藤幸人氏には、今回も作品の内容、構成について、さまざまな相談に乗っていただきました。この場を借りて、深く感謝申し上げます。

二〇一四年七月三日、曙橋《あけぼのばし》（東京都新宿区）の仕事場で、飼い猫のシマ（雄の茶トラ猫、推定一〇歳）とタマ（雄の白茶ブチ猫、推定三歳）に見守られながら。

佐藤優

解説

酒井順子

資本論のことは何も知らない私。マルクス、そしてエンゲルスについても、「お名前だけはかねがね……」という程度の認識です。

そんな私がなぜ、ここで解説を書いているかといえば、私のような者、すなわち自分がどのような経済的な仕組みの中で生きているかを全く把握していない者でも、資本主義という、「あたかも永続するかのごとく続く」巨大なシステムに否応無《いやおうな》く組み込まれて生きていることを知らしめるため、なのでしょう。

高度経済成長期に生を受け、バブルの時代に社会人となった私。「経済は成長して当然」「お金をたくさん儲《もう》けることができる人は、えらい人」という感覚に包まれて生きてきました。

「あの子のお父さん、○○社の社長で、すっごいお金持ちなんだって」

という話を聞いたら、

「すっごーい！」

と言うものだ、という反射が身に沁《し》みついています。

その後、日本経済の低迷期に入ると、「別に経済成長なんて、しなくていいんじゃないの〜」という人達がいる一方で、経済的な競争はさらに激化し、「頑張る人、目端がきく人はますます豊かになり、そうでもない人はどんどん貧しく」ということに。

私はこのような世の中で生きていくことを、「そういうことになっているのだから、仕方がないのだろう」と思っていました。ずっと昔から、富める人は富み続け、そうでない人はそうでなかったのでしょう、と。

しかし資本主義とは、太古の昔から当然のように続いていたシステムではないということを、本書を読んで知った私。農村が解体され、「労働力の商品化」という現象が起こったから成り立つようになったものが資本主義だったのか……。そして、そんな資本主義に反発しようとした人達がいたのか……。

と、ごく初歩のことからじわじわと学ぶ私であったわけですが、本書の内容は正直に言って、私のような者には手強《てごわ》すぎるきらいはあるのです。「資本論」の本文はまず、読んでもわからない。佐藤さんによる解説を頼りにしつつ、「止揚って？」などと調べつつ、読み進めることになります。

本書には、そんな読者の向学心を刺激する仕組みが多々、盛り込まれているのでした。たとえば、

「何か学問をやる時は、まず入口と出口を押さえるんです。そうしておけば、中はどうとでもなるんですよ」

というような、学問そのものに対する取り組み方への示唆《しさ》がそここに。

大切な部分は、漆塗りをするように繰り返し学ぶことによって頭に浸透させる、ということも説かれます。本書において「漆塗り」された、たとえば「賃金の三つの要素」といった部分は、さすがの私の頭にも入ってきた、ような気がする……。

本書は、佐藤さんによる講座をベースにしていますから、聞き手の注意を喚起するための工夫も豊富です。毎回、レポートの課題が出され、受講生からの質問も受け付ける。読者としても、レポートの課題について「自分ならどう書くか」と考え、また「自分なら佐藤さんに何を聞きたいか」と考え……と、ただ読むだけの時とは異なる刺激を受けることになります。

また三笠書房とフランス書院の関係、といったちょっとニヤリとしてしまう情報を例にして説明されるのは、「資本はおカネには限らない」ということ。拙著『負け犬の遠吠《とおぼ》え』と「排中律《はいちゅうりつ》」(当然、私はこの言葉のことは知らなかった)の関係性にして

もそうですが、グッと卑近な例を持ち出して難しいことを説明してくださるのも、ありがたいところ。難解な言葉は決して天高く浮いているものではなく、私達の周囲の事象と関係しているのだと、示されるのです。

そこには一つの使命感があるように思います。マルクスには「『共産主義を起こしたい』という革命家の魂がある」と同時に「資本主義社会はどういうふうなシステムになっているのか、その内在的な論理を解明したいという観察者の魂がある」と、本書にはありました。そして佐藤さんもまた、マルクスと同じ観察者の魂を持っている。

旧ソ連が崩壊し、社会主義から資本主義へと移行する現場。東京拘置所。そして現在の日本。あらゆる場面において、佐藤さんはただ観察するだけでなく、自らがいる場所の奥深くまで入り込んで、その構造を解明します。そして我々に、「自分が生きている世の中を知るように」と訴え、自身が見てきたことを伝えるのです。〝見る人〟であるからこそ、それを他人に伝えずにはいられないというその使命感は、キリスト者的なものではないかと、私は思う。

資本主義が転がりつづける世で生きることの哀《かな》しさの前で目を閉じようとする私達ですが、この本は「目を開け」と言います。しかし佐藤さんはそこで「革命を起こせ」と訴えるわけではありません。資本主義を論理的に理解することによって、資本主義がもたらす哀しみに直面しても鬱《うつ》にならない「耐性」を身につけろ、と言うのです。

それが神から与えられでもしたかのように、資本主義の海を産湯《うぶゆ》としてつかい、そのまま生きてきた私達。この水はしょっぱいし波は荒いけれど、そういうものだから仕方ない……、とあっぷあっぷしています。

しかし、なぜこの水は塩辛く、波がいつ高くなって潮がどう流れているのかを理解すれば、楽な泳ぎ方はできよう。……と、佐藤さんはその泳ぎ方を、私達に伝授しようとしているのです。

たとえば、

「いま非婚という選択をする人が増え、子どもを作らない人たちが増えるのは、資本主義というシステムが自壊しているプロセスなのだ」

という一文が本書にはありますが、これを読んで私は、ふわっと浮くような感じを覚えたもの。自分がなぜ独身子ナシなのか、ということに関して、長年にわたってあれこれと個人的理由を考えてきましたが、資本主義と結びつけたことはなかった。それが「そうか、私もそのプロセスの中に組み込まれた一員なわけね」と思えば、何と楽になることか。

古典を読む。小説を読む。身の回りに、「カネと離れた相互依存関係」をつくってみる。本書が教えてくれるのは、そう難しいことではありません。もうしてるよ、と思う人もいるでしょう。しかし、「資本主義とは」ということを少し意識した上で手に取る古典や小説、そしておすそ分けの野菜は、きっと一味違ったものになることでしょう。

この本を読んでも、お金持ちを見て「すごーい!」と思う私の感覚は、治らないのだと思います。しかし本書は、病を治すことではなく、病状を軽くし、病と向き合うコツを教えてくれるもの。佐藤さんは全人類に向けての処方箋《しょほうせん》を差し出されているのであって、それはかなり挑戦的なことなのではあるまいかと、私は思うのです。

（平成二十八年十二月、エッセイスト）

マルクス理論で武装せよ！

的場昭弘

ガチンコ流

学者や研究者などというものには、努力さえすれば誰でもなれる。しかし知識人には誰もがなれるわけではない。知識人などという言葉は古臭い言葉だが、社会に対してガチンコで喧嘩《けんか》を挑むものをいう。佐藤優氏はまさにそんな知識人である。ガチンコ勝負の佐藤流は喧嘩殺法でもある。

佐藤氏の喧嘩を強くしているものは、神学とマルクス理論である。神学とマルクス理論には、西洋思想のすべてが含まれているといってよい。だから喧嘩に強くなるにはこの二つをきっちりやればよい。それが佐藤氏の一貫した主張だ。

マルクスがああいった、こういったなどということは、学者に任せておけばいい。佐藤氏がマルクスについてあれこれ語るのは、人々を「今の価値観から脱出」させるためである。要するに、今もっともらしく見えるものは、マルクス理論のような骨太の思想でみれば、たちどころにその底の浅さがバレるというわけだ。だから、マルクス理論を学んで世間の嘘《うそ》を暴《あば》け、そのために武装せよというのだ。

宇野派で武装せよ

マルクス理論を学ぶにあたって何をお手本にしたらいいかというと、徹底した純理論にこだわった宇野弘蔵《うのこうぞう》の原理論的読みがいいという。論理学や数学のように、理詰めにキチンとマルクスの理論を追って読むには、マルクスと格闘しつつ、自分の納得いく議論を積み重ねていった宇野が一番いい。これは佐藤氏の神学にも通ずるものであろうか。泥臭いカトリック的議論よりも、透き通ったプロテスタント的議論に佐藤氏がひかれたのもそんなところにあるのかもしれない。

もちろん、宇野派といわれる集団には、その行き過ぎの反動が哲学の不足として突きつけられている。徹底して理詰めに読めば、歴史や文学的なふくよかさが失われる。喧嘩は理論通りにいかないのだ。喧嘩をするには、理詰めと同時に、したたかさが必要だ。佐藤氏のこれまでの経験知は、そうしたふくよかさそのものである。

宇野的に読みながらも、脱線しまくる佐藤氏の議論には、理詰めの陥る危うさを補強する手だてがいくつも講じられている。それがいろいろな例である。もちろん、その経験知の話だけ読めば、爆笑ものだから、途中で反芻（はんすう）しないと何を言っているかがわからなくなる。要注意！ なにせ二五〇頁《ページ》少々の本で、『資本論』全三巻を語るのだから、時にはこうしたあら療法も必要なのだ。

資本主義は崩壊しないのか？

宇野の原理論の特徴は、資本主義は崩壊せず、好景気、不景気が循環的に繰り返されるという点にある。だから、マルクスから社会主義などというものを原理論の中には入れない。佐藤氏は、資本主義の中でしたたかに生きていくための道具としてマルクスを読めと教える。今を生きぬく力として読めというのだ。それゆえ窮乏化や社会主義に関して佐藤氏はまったく問題にしない。

しかし、窮乏化や資本主義の崩壊論をマルクスから取り去ることは、やはり喧嘩の理論としても迫力を喪失する。マルクス殺法は、まさにこれがあるがゆえに、今でも恐れられ、畏怖《いふ》されているのである。

宇野理論の恐慌論は、シュンペーター流の景気変動論に似ているという表現があるが、資本主義の恐慌を景気変動のひとつとして読めば、そう読める。

利潤率の傾向的低落の法則は、資本主義の没落との関連で長い間問題になってきた。

シュンペーターの創造的破壊という概念は、それを乗り越える資本主義の切り札だが、いつも創造的破壊がありうるとは限らない。そうなると、賃金を下げることで切り抜けようとする動きも出てくる。最近話題になったピケティというフランスの若い研究者は、『21世紀の資本』というほぼマルクスの『資本論』に相当する厚さの書物で、資本収入が労働者の賃金収入を大幅に上回る現在では、資本主義の崩壊を避けることはできないと主張している。ことの真偽はここでは問題にしないが、マルクス主義者ではないピケティですら、この亡霊のような利潤率傾向的低落の法則というマルクスの悪夢で、現在の所得格差と資本主義の崩壊を懸念《けねん》しているのだ。

新しい世界への願望を

佐藤氏はこの問題をどう考えるだろう。マルクスの経済学は、現在支配的な近代経済学を蹴破《けやぶ》る、恐ろしい恐怖をうちに含んだ経済学であるともいえる。いやその限りで、マルクスの経済学は経済学それ自身を飛び越えていく運命をもっているともいえる。今の価値観から脱出するには、それを飛び越える新しい世界を創りたいという願望も必要なのだ。次に宇野的読みではない、神学者としての佐藤氏にこの問題を語ってもらいたい。

（平成二十六年八月、神奈川大学教授）

（本稿は平成二十六年「波」八月号からの再録である）

本書は平成二十六年七月新潮社より刊行された。新潮講座「一からわかる『資本論』」第一期（二〇一四年一月〜三月）の講義を活字化したものである。
新潮講座ホームページ　http://www.shinchosha.co.jp/blog/chair/

いま生《い》きる「資本論《しほんろん》」

新潮文庫　さ-62-8

平成二十九年二月一日発行

著者　佐《さ》藤《とう》優《まさる》

発行者　佐藤隆信

発行所　株式会社新潮社

郵便番号　一六二―八七一一
東京都新宿区矢来町七一
電話　編集部(〇三)三二六六―五四四〇
読者係(〇三)三二六六―五一一一
http://www.shinchosha.co.jp

価格はカバーに表示してあります。

乱丁・落丁本は、ご面倒ですが小社読者係宛ご送付ください。送料小社負担にてお取替えいたします。

印刷・錦明印刷株式会社　製本・錦明印刷株式会社

ISBN978-4-10-133178-2 C0195